CODE

DES PRIVILÉGES

SUR

MEUBLES ET IMMEUBLES

GAGE, REVENDICATION, SÉPARATION DE PATRIMOINE
PRIVILÉGES PROPREMENT DITS

D'APRÈS

LES LOIS CIVILES, COMMERCIALES, CRIMINELLES
ET PARTICULIÈRES

PAR

MÉDÉRIC LECOMTE

NOTAIRE
à Donnemarie (S. et-M.)

PARIS

ADMINISTRATION DU JOURNAL DES NOTAIRES ET DES AVOCATS
RUE DES SAINTS-PÈRES, 52

1868

CODE

DES PRIVILÉGES

SUR

MEUBLES ET IMMEUBLES

PARIS, IMPRIMERIE DE E. DONNAUD,
RUE CASSETTE, 1.

CODE

DES PRIVILÉGES

SUR

MEUBLES ET IMMEUBLES

GAGE, REVENDICATION, SÉPARATION DE PATRIMOINE
PRIVILÉGES PROPREMENT DITS

D'APRÈS

LES LOIS CIVILES, COMMERCIALES, CRIMINELLES
ET PARTICULIÈRES

PAR

MÉDÉRIC LECOMTE

NOTAIRE

à Donnemarie (S.-et-M.)

PARIS

ADMINISTRATION DU JOURNAL DES NOTAIRES ET DES AVOCATS

RUE DES SAINTS-PÈRES, 52

1868

AUTEURS CITÉS.

Agnel.
Alauzet.
Anuales du Notariat.
Aubry (et Rau).
Audier.
Auvilliers (Teulet, Sul-
  piey et d')
Ballot.
Basnage.
Battur.
Baudot.
Baume (de la).
Bayle-Mouillard.
Bédarride.
Bellet.
Belleyme (de).
Bellot des Minières.
Belost-Jolimont.
Bertin.
Bigot.
Billard.
Bioche.
Blanc (Vivien et).
Blondeau.
Boileux.
Bonnier.
Boudousquié.
Boulanger.
Boulay-Paty.
Bravard-Veyrières.
Brésillion.
Bressolles.
Brodeau.
Broë (de).
Cabantous.
Cabryc.
Cadrès.
Carette.
Carou.
Carteret (Sébire et).
Chabot.

Championnière (Rigaud
  et).
Chardon.
Chauveau.
Clerc (Ed.).
Coin-Delisle.
Contrôleur de l'enregis-
  trement.
Cormenin.
Costard.
Coulon.
Daffry de la Monnoye.
Dalloz.
Dard.
Daubenton.
Davenne.
Deffaux.
Delahaye.
Delalleau.
Delamarre (Lepoitevin
  et).
Delaporte (Riffé - Cau-
  bray et).
Delsol.
Delvincourt.
Demangeat.
Demante (Gab.).
Demiau.
Demolombe.
Dénisart (Nouveau).
Devilleneuve.
Dictionnaire des Notai-
  res.
  — du Notariat.
Döllinger.
Domat.
Domenget.
Droit (Journal le).
Ducruet.
Dufour.
Dufresne.
Dumesnil.

Durand (Eug.).
Duranton.
Durieu.
Dutruc.
Duverdy.
Duverger.
Duvergier.
Esnault.
Favard de Langlade.
Favier-Coulomb.
Flandin.
Fons.
Fouët de Conflans.
François.
Fréminville (de).
Fremy-Ligneville.
Gagneraux.
Garnier.
Genreau.
Geoffroy.
Gilbert.
Gillon (et Stourm).
Gouget (et Merger).
Grenier.
Grün (et Joliat).
Harel.
Hérisson.
Houyvet.
Hua.
Huguet.
Hureaux.
Husson.
Jay.
Joccotton.
Joliat (Grün et).
Joubert.
Journal des Notaires.
  — du Palais.
Joussel n.
Labbé.
Lacan (et Paulmier).
Lainné.

Laroque-Sayssinet.
Lataillhède.
Lebrun.
Le-Menuet.
Lepage.
Lepoitevin (Delamarre et).
Leroy.
Lesellyer.
Lesenne.
Levesque.
Locré.
Loyseau.
Mailher de Chassat.
Maleville.
Malpel.
Marcadé.
Martinet.
Martou.
Massé (et Vergé).
Masson.
Masson-Delongpré.
Merger (Gouget et).
Merlin.
Merville.
Michaux.
Mollot.
Monnier.
Moreau (Emm.).

Morin.
Mourlon.
Niclas-Gaillard.
Nouveau Dénisart.
Pardessus.
Pascalis.
Paulmier (Lacan et).
Perrin (et Rendu).
Persil.
Peyronny.
Philibert.
Pigeau.
Pont.
Pothier.
Pouget.
Proudhon.
Quesnault.
Rau (Aubry et).
Rendu (Perrin et).
Renouard.
Revue pratique.
— critique.
— du Notariat.
Rifé-Caubray (et Delaporte).
Rigaud (Championnière et).
Rivière.
Rodière.

Roger.
Roger (Ch.).
Rolland de Villargues.
Rozy.
Saint-Nexent.
Sébire (et Carteret).
Sollier.
Sovin.
Stourm (Gillon et).
Sulpicy (Teulet, d'Auvilliers et).
Tarrible.
Taulier.
Teulet (d'Auvilliers, Sulpicy et).
Thiercelin.
Thomine-Desmazures.
Toullier.
Troplong.
Trouillet.
Valette.
Valin.
Vazeille.
Vergé (Massé et).
Verdier.
Vien.
Vincent.
Vivien (et Blanc).
Zachariæ.

CODE

DES PRIVILÉGES

MEUBLES ET IMMEUBLES

Frais de justice, C. N. 2101, faits dans l'intérêt de tous les créanciers et pour la réalisation ou la liquidation du gage commun; ceux faits dans un intérêt individuel et isolé ne venant qu'au rang et comme accessoires des créances, Orléans, 26 juil. 19; Bordéaux, 28 mai 32 et 6 juil. 41 ; Dall., Zach., Tropl., Val., Taul.; Gilb., Dev., Pont, Pig., Bioché, Pers., Gen., Merl., Dur., Paris, 27 nov. 45; Cass. 8 mars, 28 juill., 25 av. 51, 24 juin 67 ; Limoges, 9 janv. 41; Rouen, 2 déc. 41. La distinction est à l'arbitrage du juge. Aix, 12 janv. 38.

1. Scellés (apposition, levée et garde), inventaire après décès, faillite, ou déconfiture, même à l'encontre des créanciers hypothécaires, Paris, 28 janv. 12; Rouen, 2 déc. 41 et 6 nov. 12; Colmar, 4 juill. 31; Cass. 11 août 24; Boulay-Paty; Tropl., Dur., Pard.; — 2. Vente de meubles, C. pr. 657, excepté en cas de succession vacante, Cass. 8 déc. 25; Mourl.; — 3. Curatelle à succession vacante, Lyon, 16 janv. 51 ; — 4. Bénéfice d'inventaire (inventaire, compte, etc.), Douai, 16 janv. 47; C. N. 803-810; Bordeaux, 12 av. 53; Paris, 28 janv. 12; Cass. 11 août 24; Amiens, 24 av. 22; Pers., Val., Gilb., Pont, Dur.; — 5. Remboursement à l'héritier bénéficiaire de ses avances pour instance en liquidation, partage, homologation, acceptation bénéficiaire, renonciation à communauté, Paris, 19 janv. 54; — 6. Déclaration et gestion de faillite, Paris, 28 fév. 12; Pard., avances, dépenses et honoraires des syndics dans l'intérêt positif de toute la masse, Rouen, 6 nov. 12; Colmar, 4 juil. 31 ; Ren.; mais les créanciers hypothécaires ne sont pas primés, Nimes, 20 juill. 58; Paris, 27 av. 36; Rouen, 2 déc. 41 ; Cass. 28 nov. 10; à moins que les frais de gestion ne leur aient aussi profité, Riom, 24 août 62 ; Cass. 8 mars 48 ; Bordeaux, 20 août 36 ; Paris, 24 janv.

42; Limoges, 9 janv. 41; Rouen, 2 déc. 41; Colmar, 4 juil. 31 ; Ren., Gren., Tropl., Dév., *Contrà :* Dur. ; — 7. Discussion de meubles ou immeubles; — 8. Dénonciation aux créanciers inscrits, extrait d'inscription, Nimes, 19 août 41; Colmar, 3 août 49; mais non transcription du contrat, Colmar, 3 août 49; — 9. Saisie, vente, Riom, 3 av. 26; Orléans, 13 août 40; Lyon, 16 janv. 51; Tropl., Tarr.; La saisie eût-elle eu lieu avant et la vente après la faillite, Amiens, 15 nov. 37; — 10. Incident, saisie-exécution avant faillite, la poursuite de saisie étant rendue inutile et arrêtée par la survenance de la faillite, Amiens, 15 nov. 37; Le poursuivant n'eût-il qu'une créance ordinaire, Bordeaux, 28 nov. 40; — 11. Instance par l'acquéreur en validité de consignation de son prix, Orléans, 13 août 40; Cass. 4 av. 51; Dijon, 5 janv. 55; — 12. Défense à une demande en rescision, revendication d'immeuble, instance contre un tiers détenteur à fin de payement, Riom, 5 fév. 21; Aix, 12 janv. 38; Bourges, 9 juin 46; — 13. Extradition, Besançon, 30 août 56; Metz, 28 fév. 56; — 14. Instance en révision, sur le prix de revente ; — 15. Procédure en payement sur la somme à toucher, Bourges, 9 juin 46; — 16. Garde et conservation de la chose, Lyon, 16 janv. 51; — 17. Autorisation par le tribunal à un usufruitier de faire des réparations, Amiens, 23 févr. 21; — 18. Poursuites sur les faux d'un failli, commis avant la faillite, Besançon, 30 août 56; Paris, 4 mars 39; Metz, 28 fév. 56; — 19. Secours au failli ou à sa famille; — 20. Sommation de payer ou délaisser, notification par le créancier de l'héritier à l'acquéreur d'un immeuble de succession sur la portion de prix attribuée à cet héritier, Cass. 28 juill. 48; — 21. Annulation d'acte faisant rentrer des biens dans une masse à distribuer, Bordeaux, 28 mai 32; — 22. Nomination de tuteur, et administration des biens d'un condamné, Poitiers, 1ᵉʳ juill. 42; — 23. Frais, faux-frais, et honoraires du liquidateur d'une société commerciale, *Contrà :* Paris, 20 janv. 42; — 24. Frais d'un avoué sur la chose conservée à son client, Bordeaux, 28 mai 32; Bourges, 9 juin 46; Rouen, 30 janv. 51; — 25. Honoraires de recouvrement qui a profité au créancier, Cass. 13 avr. 59; — 26. Frais même payés par un tiers à l'avoué, laissés à la charge du fol enchérisseur, Cass. 11 août 46; — 27. Frais de notification par suite de vente sur publications judiciaires après faillite, trib. Sedan, 27 août 51; — 28. Frais de purge, Toulouse, 27 fév. 56. — *Contrà :* Pau, 27 janv. 55; Toulouse, 29 nov. 55; Grenoble, 7 janv. 57.

Mais non pas : — 1. Amende en matière criminelle, correctionnelle, ou de police, Cass. 7 mai 16; Paris, 3 fruct. an 12; Rouen, 13 oct. 6; Lettre gr. J. 19 mars 8; Gren., Pers., Tropl., Dall., Pont; — 2° Instance par un héritier bénéficiaire qui a succombé contre un

créancier de la succession, Cass. 25 av. 54; — 3. Contestation au partage par un créancier de l'héritier, Orléans, 26 juill. 49; — 4.
Amende encourue par un failli depuis l'ouverture de la faillite;
Rennes, 28 déc. 47; — 5. Honoraires d'avocat, Dev., Gilb., Trib.
Seine, 28 fév. 43; — 6. Partage amiable devant notaire, Cass. 11 déc. 31;
et 16 fév. 53, Pers., Gren., Dur., Zach., Aub. et Rau, Val., Pont, Dutr.;
Toulouse, 16 mai 63; Lyon, 17 août 22; *Contrà :* Michaux; à moins
qu'il ne soit fait dans l'intérêt commun des héritiers et des créanciers, Dutr.; — 7. Partage judiciaire, Bourges, 16 nov. 53; Pau, 12 mai
53; Dutr.; quoiqu'il y ait eu distraction au profit de l'avoué, Cass. 11
déc. 34; trib. Clamecy, 30 avr. 45; Dutr.; *Contrà :* même trib. 12 juin
46; trib. Condom, 24 nov. 64; Chauv.; mais l'avoué pourrait exercer
le privilége de copartageant au nom de son client, Clamecy, 30 avr.
45; — 8. Séparation de biens par la femme du failli formée ayant ou.
après le jugement de déclaration de faillite; Rouen, 29 fév. 40; Ren.;
— 9. Poursuite à fin de distribution par contribution du gage réalisé,
Rouen, 30 janv. 51; — 10. Surenchère sur saisie immobilière, Toulouse, 17 févr. 41; — 11. Amende prononcée par le tribunal en faveur du fisc, Lettre Gr.-J. 19 mars 8, Pers., Gren., Tropl., Dur.,
Mourl., Pont, Paris, 3 fruct. an 12; Rouen, 13 oct. 6; — 12. Indemnité allouée à la partie civile, Lettre Gr. J. 19 mars 8; — 13. Garde
d'objets saisis, Dall., Bordeaux, 17 mars 31; — 14. Liquidation judiciaire faite dans le seul intérêt de l'héritier bénéficiaire, Douai,
31 janv. 36; ou pour déterminer des reprises, Cass. 25 juin 67;
trib. Nogent-sur-Seine, 11 mai 65; — 15. L'avoué pour frais de notification de la purge, Toulouse, 16 mars 50.

Frais funéraires, C. N. 2101. Garde, ensevelissement, émoluments de fabrique, cérémonie de culte, en général dépenses nécessaires selon la condition et la fortune du défunt, Gren., Zach., Pers.,
Gilb., Tropl., Val., Pont, Dall., Merl., faites depuis la mort jusqu'à
la sépulture inclusivement, Pers., qu'il s'agisse du débiteur, ou de ses
enfants, ou de proches parents, Dur., Gilb.; *Contrà :* Pers., Val.; partageant la vie commune, — Même en cas de faillite précédée du décès,
Tropl., Ren., Dall.; *Contrà :* Boul.-Paty, Pers.

Mais non pas : monument funèbre, *Contrà :* Pers.; — neuvaine,
recommandation, anniversaire, Agen, 28 août 54; Merl., Tropl., Dev.;
— concession de terrain au cimetière; *Contrà :* Pont; — deuil de la
veuve, Tropl., Gren., Merl., Val., Batt., Bellot des Min., Zach.,
Dall., Roll.-Vill., Sév.; *Contrà :* Agen, 23 août 31; Caen, 15 juill.
36; Rennes, 18 mai 11; Pont, Tarr., Fav., Dev., Gilb., Proudh., Pers.,

Dur., Toull., Poth., Batt.; — dépenses de luxe, Merl., Ren., Tropl., Pers., Zach., Gren.

Le tiers qui a payé peut réclamer le privilége, la subrogation n'eût-elle pas été stipulée, Tropl., Delv., Gilb. ; *Contrà :* Pers.

Frais quelconques de la dernière maladie, concurremment entre ceux à qui ils sont dus, C. N., 2101 ; avec prescription, Dur., annuelle, Pers., Delv., Pont, en cas de maladie fort longue.

En faveur de : 1. Médecins, chirurgiens, pharmaciens, gardes-malades, sages-femmes, en général tous ceux qui ont donné les secours exigés par l'état et pour les besoins du malade, chef ou membre d'une famille, Dur., selon sa condition, pendant la maladie suivie de mort, trib. com. Seine, 28 janv. 34, 17 déc. 57, 20 août et 11 déc. 62 ; Rennes, 18 mai 41 ; Cass. 21 nov. 64 ; trib., Nantes, 13 déc. 65 ; Gren., anc. dr., Gilb., Pard., Zach., Val., Massé ; et même pendant la maladie guérie, Dur., Mourl., Pig., Dev., Ren., Taul., Dall., Pont, Tropl., Dict.-Not. ; *Contrà :* Gren. ; — 2. Fournisseurs de ce qui a été nécessaire au malade même par caprice ou fantaisie, Dall., Pers., Zach. ; — 3. Un tiers qui a payé, d'où subrogation, Tropl., Delv., Gilb. En cas de maladie chronique le privilége n'est dû qu'à partir du moment où elle a pris un caractère particulièrement dangereux, Gilb., Pers., Zach., Val. ; *Contrà :* Dur.

Le cas de faillite est-il assimilé au cas de décès ? *Oui :* Taul., Mourl., Gilb., Ren., Boil., Lainé, Alauz., Goug. et Merl., Dur., Tropl., Pont ; surtout si la maladie a encore sa gravité lors de la faillite, Tropl., Béd., Lar.-Says., Geoff. ; ou s'il ne s'est pas écoulé un an entre la guérison et la faillite, Pard. ; *Non :* trib. comm. Chartres, 26 août 67 ; Cass. 21 nov. 64 ; trib. com. Seine, 17 déc. 57 et 11 déc. 62 ; trib. Nantes, 13 déc. 65 ; Pig., M. et V., Gren., Taillefer, Pers., Val., Aub. et Rau. ; la maladie fût-elle survenue pendant la faillite ou immédiatement après, Cass. 21 nov. 64 ; Pard., Tropl., Zach., trib. com. Seine, 28 janv. 34 ; jur. anc. ; où encore le privilége a lieu conditionnellement selon que le décès suit ou ne suit pas la maladie en cours lors de la faillite, Val. Dans tous les cas sont rejetés du privilége les frais de maladie postérieure à la faillite, Ren., qui, tout au plus, peuvent être accordés à titre de secours, C. com. 474, Pard.

Gens de service, C. N. 2101, et commis, au cas de décès ou de faillite, Metz, 4 mai 20 ; Bourges, 14 fév. 23.

Pour sûreté de : Salaire de l'année échue, sans prescription annuelle ; — prorata de celle courante, 2101 ; — frais, Rouen, 27 août 25 ; *Mais non :* dommages-intérêts, D.-N. ; Douai, 7 mai 12 ; — ni avances, Delv., Pers. ; quand même l'engagement serait de moins d'un an; *Contrà* : Tropl., Metz, 4 mai 20.

Au profit de : portier, cocher, maître d'hôtel, femme de chambre, en un mot quiconque, en état de domesticité, est attaché à la personne même, ou au ménage de son maître, et loue ses services à l'année, Tropl., Delv., Gren., Pers., pour moins d'une année. Colmar, 1er sept. 22; et même au mois, Tarr., Pont., Dur., Metz, 4 mai 20; Paris, 19 août 34. — Commis du failli à appointements fixes, et non ceux rétribués à la commission, trib. com. Seine, 27 janv. et 1er mai 57, 11 sept. 56; Géoff., Rouen, 10 nov. 60; Lain., Béd., Lar.-Sayss.; *Contrà* : Al., pendant les 6 mois précédant la déclaration de faillite, C. co. 549.

Mais non pas, même en cas de nourriture et logement chez le patron : 1, Clerc de notaire, Aix, 2 mars 44; Pont, M. et V., Ed. Clerc., Cass. 15 janv. 55; Aub. et Rau; parce que, dans ce noviciat où l'ordre public se sent déjà intéressé, leur travail tourne beaucoup plus à leur profit qu'à celui de leur patron; *Contrà* : Tropl., Zach., Dur.; Cass. 24 fév. 28; — 2. Clerc d'huissier, ou d'avoué, élève en pharmacie; — 3. Professeur attaché à une maison d'éducation, Toulouse, 7 déc. 38, Tropl., Val.; *Contrà* : trib. Seine, 28 déc. 49; secrétaire, précepteur, bibliothécaire; *Contrà* : Tropl.; — 4. Aumônier; — 5° Intendant, régisseur, charretier, valet de labour, L. 19-20 avr. 90; *Contrà* : Pont.; — 6. Toute personne louant ses services qui réclamerait des dommages-intérêts ou indemnités pour inéxécution de son traité, Dall., Pard., Boul.-Paty, Ren., — 7. Commis-voyageur, Pers., Tropl., Fav., Montpellier, 12 juin 29; — 8. Commis-négociant salarié à l'année, au mois, à la journée, ou en raison de son ouvrage, Bruxelles, 30 août 44; trib. com. Seine, 29 juin 34; — 9. Ouvrier de fabrique, employé, commis, contre-maître, gens de travail à la pièce, au mois, ou à la journée, voiturier, brouettier, etc..., en général tous ceux qui, n'étant pas domestiques, livrent à un maître leur travail corporel, Lyon, 6 mai 42, 25 août 36; Bourges, 11 fév. 23; Gren., Tropl., Del., Pers., Fav., Pont, Cass. 10 fév. 29; Montpellier, 12 juin 29; Paris, 30 juill. 28, 1er août 31, 29 mars 37; Décr. 13 juin et 12 déc. 16; Colmar, 31 déc. 41; *Contrà* : Paris, 15 fév. 36, 19 août 31; Lyon, 1er fév. 32; Metz, 4 mai 20; Rouen, 27 août 25; Colmar, 10 déc. 22; Tropl., Tarr., Dur., Zach., Poth.; — 10. Mandataire salarié, Cass. 8 janv. 39; *Contrà* : Rouen, 22 janv. 19; — 11. Capitaine de navire en tant qu'il pourrait être considéré comme commis, trib. com. Havre, 28 août 60; — 12. Conducteur de travaux de maçonnerie ou de charpente, Paris, 29 mars 37; considéré comme ouvrier, Amiens,

26 fév. 40; — 13. Artiste dramatique, Lac. et Paulm., Paris, 20 juin 63, 7 fév. 65; Demang., Aub. et Rau, Vien, Cass. 24 fév. 64; trib. com. Havre, 14 janv. 65; trib. Marseille, 10 mai 60; Aix, 10 mars 61; *Contrà :* Montpellier, 25 mars 62; trib. com. Seine, 6 mars 63; Viv. et Bl., Roll.-Vill., Agnel; — 14. Correcteur d'imprimerie, Pau, 17 fév. 66; trib. Orthez, 11 août 65; Dall.

Fournitures de subsistances au débiteur et à sa famille, C. N. 2101, fils, bru, gendre, leurs enfants, et tous autres parents partageant l'habitation et la vie commune, Pers., Val., Pont, Dall.; ou même les serviteurs, Pont, Dict.-Not.; dans les 6 mois ou l'année précédant le décès, la déclaration de faillite, ou la demande en collocation au cas de déconfiture, Val., Pont, Paris, 28 janv. 12; Limoges, 9 juin 42; Bordeaux, 28 août 44.

Pour sûreté de : tout ce qui, en fait de fournitures alimentaires, et même éclairage, blanchissage, chauffage, cuisson des aliments, Pont., Tropl., Dur., Dev., Dict.-Not.; habillement, *Contrà :* D.-N., Tropl., Val., est nécessaire à la consommation journalière; et non pas fournitures antérieures réglées en compte dans les 6 mois ou l'année, y eût-il eu poursuites, Limoges, 9 juin 42; Bordeaux, 28 août 44; Dev., Dur., Gilb.; ou fournitures non consommées individuellement par le débiteur et sa famille, mais par les consommateurs d'un aubergiste ou hôtelier, Rouen, 14 juil. 19; Dur., Dev., Lyon, 14 déc. 32; Cass. 27 févr. 33; ou par les élèves d'un pensionnat, Paris, 5 mars 38; Dur., Tropl., Fav., Pers., Zach., Gilb., Pont, Dall.; *Contrà :* Gren., Merl.

Au profit de : 1° Marchands en détail pendant les 6 derniers mois, 2101 : boulangers, bouchers, etc., tous fournisseurs, même habituellement en gros, qui ont fait une fourniture en détail, la nature de la fourniture devant être prise en considération, et non la classe du marchand, Pont, Pers., Dall., V. cep. Delv., Dur.; — 2° Marchands en gros pendant la dernière année, 2101 : tous fournisseurs, même habituellement détaillants, qui ont fait une fourniture en gros; — 3° Maîtres de pension pendant la dernière année, 2101.

Mais non pas : 1° Particuliers non marchands, Pers., Gren., Dur., Trop., Toul., Pont, Dall.; — 2° Professeurs de sciences et arts pour leçons données au mois ou au cachet, Pers., Gren., Pont, Tropl., Dur.; — 3° Fournisseurs de choses voluptuaires : liqueurs, Tarr., Tropl., Dur., Pont, Denis.; bois excédant le nécessaire à la cuisson des aliments, trib. com. Seine, 28 janv. 34; Ren.; vins fins, blanchissage, même jug.

Contributions directes, L. 12 nov. 8; pour l'année (se calculant du 1er janv., Durieu) échue, et l'année courante, *même loi*; sur meubles, *même loi*; et non sur immeubles, Cons. Ét. 23 juin 19; 19 mars 20; Tarr., Pers., Gren., Dall., Fav., Corm., Dur., Tropl., Pont. V. cep. Rouen, 23 mai 51; Cons. Ét., 30 juin 24.

Contributions foncières, centimes additionnels et supplémentaires; *sur*, spécialement: 1° Récoltes, fruits naturels, industriels, civils, revenus, et loyers produits par l'immeuble grevé, L. 12 nov. 8; fût-il aliéné, Aub. et Rau., Pont, Cass. 6 juil. 52; pendant l'année courante ou les années précédentes, Durieu; — 2° Prix des effets et récoltes saisis par un autre créancier, Riom, 4 mai 52; *et non sur* indemnité d'assurance, Cass. 28 juin 31, Durieu; ni intérêts du prix de l'immeuble vendu, Durieu; ni sur immeubles, Ord. en Cons. Ét. 19 mars 20; Tarr., Gren., Tropl., Durieu, Dev., Car., Gilb.

Contributions mobilières des portes et fenêtres, patentes et autres directes et personnelles, L. 12 nov. 8; *sur* tous meubles et effets mobiliers des redevables, existant en tous lieux, *même loi*, lors des fournitures, Cass. 17 août 47; ou par eux détenus, ou possédés en apparence, sauf la revendication du propriétaire, ou même possédés depuis l'établissement de l'impôt, Paris, 29 août 36; Durieu.

Le tout sans avoir à suivre la procédure de faillite ou de succession, *contre*: 1. Les redevables; — 2. Les tiers; — 3. Le fermier, L. 3 frim. an 7; eût-il même payé ses fermages par anticipation, Durieu; — 4. Le propriétaire de maison en cas de déménagement du locataire, Durieu.

Contributions indirectes,

Av. Cons. Ét, 7 fruct. an 12; Décr. 1er germ. an 13, non abrogé par L. 5 sept. 7, ni art. 662, C. pr.; Cass. 28 août 37, 11 mars 35, 18 fév. 40; Tropl., Gilb.; *Contrà*: Cass. 27 fév. 33; **droits réunis**, Déc. 1er germ. an 13; Cass. 28 août 37, 18 fév. 40.

Ce privilége, s'il n'est perdu par des actes d'où l'on peut induire une renonciation, Cass. 27 frim. an 13, et 3 déc. 22, ou par la sortie de la marchandise des mains du redevable, Douai, 16 juin 58; Cass. 19 déc. 59; *Contrà*: Dall., s'exerce, par voie de contrainte, sans les formalités de faillite, Douai, 12 août 29; Bruxelles, 13 août 11; *sur*: 1. Créances des redevables par suite de ventes d'immeubles ou autrement, Cass. 12 juil. 54; *Contrà*: Douai, 22 juill. 51; même lorsque la faillite est remontée, Cass. 12 juil. 54; — 2. Tous effets mobiliers, non-seulement des débiteurs, art. 17, Décr. 1er germ. an 13, devenus leur propriété, même depuis la faillite, Paris, 27 août 36; mais encore des cautions, Paris, 29 nov. 64; Pont, Aub. et Rau., Riv.,

Cass. 17 déc. 22, 12 mai 29, 18 janv. 41 ; la caution est alors subrogée, J. Paix du Havre, 9 mai 39 ; *Contrà* : Grenoble, 30 août 14 ; ainsi que la caution d'un entrepositaire de boissons, Cass. 18 janv. 41.

Mais non sur le cautionnement des fonctionnaires publics, Interp. L. 25 niv. an 13 ; Dall., Pers., Pont ;

Sauf revendication, par qui de droit, des marchandises encore sous balle ou sous corde, Décr. de l'an 13 ; à exercer selon l'art. 576 C. com., Cass. 12 fév. 45 ; et même par le propriétaire de voitures employées par un entrepreneur, au service des voyageurs, quand la Régie a saisi la voiture, Cass. 19 déc. 44.

Douane, droits, confiscations, amendes et restitutions, L. 4 germ. an 2 ; Lettre Gr. J. 4 mai 10 ; L. 22 août 91, non abrogée, Cass., 17 oct. 14, 14 mai 16 ; Dall., Gilb., Tropl.

Sur : 1. Effets mobiliers des redevables, L. de 91, même non soumis aux droits, Cass. 14 déc. 24, Pont, malgré faillite, Bruxelles, 12 août 41 ; — 2. Effets mobiliers des cautions, Cass. 12 déc. 22, 12 mai 29, et 18 janv. 41 ; Grenoble, 30 août 14 ; Pont, Dall. ; mais la caution est subrogée, Just. Paix du Havre, 9 mai 39 ; *Contrà* : Grenoble, 30 août 14 ; — 3. marchandises en entrepôt, Rouen, 7 juin 17 ; sauf revendication par le propriétaire des marchandises encore sous balle ou sous corde, à exercer selon les règles de l'art. 576. C. com., Cass. 12 fév. 45, Aub. et Rau ;

Mais non sur marchandises livrées à un tiers de bonne foi, Cass. 19 déc. 59 ; ou vendues par l'entrepositaire sans fraude à un tiers qui les aurait laissées dans les magasins, en les couvrant d'autres marques, Cass. 27 frim. an 13 ; *Contrà* : Cass. 3 déc. 22.

Le trésor pour droits et amendes en matière de timbre, L. 28 avr. 16. — *Sur* tous meubles et effets mobiliers des redevables existant en tous lieux, L. 12 nov. 8, lors des fournitures, Cass. 17 août 17 ; ou par eux détenus ou possédés en apparence, sauf la revendication du propriétaire, ou même possédés depuis la dette, Paris, 29 août 36 ;

Mais non sur immeubles, Paris, 3 fruct. an 12 ; Rouen, 13 oct. 6 ; Dur., Dev.

Frais de justice, en matière criminelle, correctionnelle, et de police, L. 5 sept. 7 ; — *mais non* recouvrement des amendes ; L. Gr. J. 19 mars 8 ; Pers., Gren., Tropl., Dur., Mourl., Pont, Dall., trib. Seine, 12 niv. an 12 ; Besançon, 30 août 56 ; Paris, 3 fruct. an 12 ;

Cass. 7 mai 46 ; Rouen, 43 oct. 6 ; Metz, 28 fév. 56 ; ni indemnités allouées à la partie civile. L.-Gr. J. 49 mars 8 ; Dall., Pont.

Sur : Meubles du condamné d'abord ; et, subsidiairement, Malev., Pers., Tropl., Pont ; Cass. 22 août 36 ; immeubles, même aliénés depuis le mandat d'arrêt, ou, à défaut, depuis le jugement, Pers., Tropl., Gilb., *Contrà :* Aub. et Rau, Fl. ; à charge d'inscription dans les deux mois du jugement de condamnation, Loi 1807 ; Poitiers, 9 fév. 49 ; quand même il y aurait faillite, Metz, 28 fév. 56 ; Besançon, 30 août 56 ; Cass. 11 août 57.

Frais de dépense personnelle de l'accusé, L. 5 sept. 7.

Semence et frais de récolte de l'année, C. N. 2102.

Pour sûreté de : 1, Travaux en vue de la récolte, ou à la récolte même : culture, ensemencement, moisson, battage, engrangement, etc., J.-P. ; Paris, 23 juin 12 ; Pers., Pont, Limoges, 26 août 18 ; sans qu'on puisse opposer le défaut de payement au fur et à mesure des journées, Cass. 24 juin 7 ; Dur., Dev., Gilb., Tropl. ; — 2. Engrais, Bordeaux, 2 août 31 ; Tropl., Cass. 3 janv. 27, Pont, Boil., M. et V., Rozy, Marti., Sir., Dur., *Contrà :* Caen, 28 juin 37 ; Cass., 9 nov. 57 ; trib. Mayenne, 17 déc. 56 ; Big. (*Rev. prat.*), trib. com. Chauny, 19 sept. 62 ; Amiens, 2 mai 63, Dev., Douai, 21 janv. 65 ; Aub. et Rau ; — 3. Semences, C. N. 2102, qui ont produit la récolte, Douai, 21 janv. 65 ; — 4. Fûts pour récolte de vin, Bordeaux, 2 août 31 ; Zach., M. et V. ; *Contrà :* Aub. et Rau ; — 5. Avances et fournitures par un propriétaire en vue de la récolte et pour la produire, Angers, 27 août 21 ; avances et fournitures nécessaires à l'entretien et à l'exploitation d'une habitation coloniale, Cass. 3 janv. 37.

Sur récoltes de l'année, C. N. 2102, vendues et non livrées, Paris, 23 juin 12 ; Dur., Persil., J.-P. ;

Mais non sur : récoltes précédentes, Pers., Roll.-Vill., Pont ; — fruits pendant par racines, saisis, vendus, et distribués avec l'immeuble, Cass. 11 déc. 61 ; Montpellier, 4 mai 61.

Ustensiles d'exploitation agricole, C. N. 2102 ; ou **industrielle,** Amiens, 20 nov. 37 ; et non pas ustensiles de ménage.

Au profit de : 1° Ceux qui, pendant le bail, ont vendu, réparé, ou raccommodé les ustensiles, que le propriétaire l'ait su ou non, Dur., Mourl., Pers., Pont. Mais si les ustensiles étaient déjà grevés du privilége du marchand, ou de l'ouvrier, lors de leur entrée dans la ferme, le propriétaire ne sera primé que s'il a eu connaissance de la dette ; — 2° Charron, maréchal, bourrelier, sur ustensiles d'usine, fournis, ou

réparés, Amiens, 20 nov. 37 ; Pont; *Contrà :* Tropl.; — 3° Prêteur de
fonds pour dépenses d'outils.

Sur : Ustensiles grevés seulement, 2102; Cass. 12 nov. 39; Pers.,
Tropl., Gren., Dev., Dur., Basn., Poth.; *Contrà :* trib. Joigny,
31 mars 38.

Bailleur locateur.

Au profit de : 1° Tout ayant droit aux loyers, sans même, en
cas de faillite, affirmation de créance, Esn., Béd., Interp. C. co. 450;
Gilb., Paris, 20 av. 31, 27 mai 35; 9 mars 37, 18 juil. 28, 28 sept. 36;
Lyon, 17 mars 46; *Contrà :* Paris, 1er juil. 28; — 2° Principal locataire, auteur ou cessionnaire des sous-locations, Cass. 14 fév. 27;
Pers., Gren., Pont, Poth., sans que les causes du privilége puissent
être obligatoirement compensées au préalable avec engrais et améliorations de l'immeuble, Bruxelles, 13 juill. 14.

Mais non pas : 1° Locateur de choses mobilières, Grenoble, 20 fév.
43; Bourges, 2 juil. 7; Dev.; — 2° Celui qui, n'étant plus propriétaire, réclame des loyers antérieurs à son dessaisissement, Grenoble, 30 janv. 64; Chauv., Aub. et Rau, M. et V., Deff. et Har.,
Bioche; Nimes, 31 janv. 20; les eût-il réservés, Orléans, 23 nov. 38;
Dev.; à moins que le premier acte d'exercice du privilége n'ait
précédé la vente, Paris, 12 janv. 48; *Contrà :* Caen, 2 juin 51; —
3° Le propriétaire sur la portion de fruits dévolue au colon portiaire,
Dev.; Nimes, 7 vent. an 12, Limoges, 26 août 48; ou par suite d'un
bail d'usine à moitié pertes et profits, Rennes, 6 juin 61.

Peu importerait un consentement donné à la cession du bail et
du commerce, Paris, 28 déc. 32, Gilb.

Pour sûreté de : 1° loyers et fermages, C. N. 2102; savoir :

I. Au cas de bail authentique ou S.S.P. ayant date certaine
avant jugement de faillite ou saisie, Dur., Dev., Gilb.; ou sans date
certaine, mais reconnu en justice, Paris, 1er déc. 21; *Contrà :* Tarr.,
Gren., Pers.; ou exécuté au su des créanciers, Caen, 20 janv. 64; —
V. toutefois Dur. — 1° *Tous fermages échus ou à échoir,* C. N. 2102,
non atteints par la prescription quinquennale, même en cas de faillite
ou déconfiture, Paris, 5 mars 67, 2 mai 57, 26 janv. 60, 2 janv. 61;
Rouen, 29 juin 59; trib. com. Seine, 18 juin 60, 30 août 66, 29 av.
67; Cass. 22 av. et 22 déc. 51, 4 janv. 60; Amiens, 10 nov. 59;
Orléans, 22 août 60; M. et V., Aub. et Rau, Sév., Martinet,
Emm. Moreau; y eût-il concordat, Orléans, 5 août 65; Cass. 28 mars
65; et des garanties fussent-elles offertes pour les loyer à venir,
Cass. 28 mars 65; Orléans, 5 août et 10 nov. 65; les meubles
fussent-ils restés, Cass. 7 et 28 déc. 58, et 28 mars 65 (2 arr.); le

payement fût-il garanti par une caution ou par une consignation, Cass. 28 déc. 58; Orléans, 10 nov. 63. — 2. *Termes échus seulement*, quand il y a sûreté pour ceux à venir, Cass. 8 déc. 6; Rouen, 23 déc. 64; Tarr., Gren., Tropl., Pers., Pard., Metz, 27 mars 62; Paris, 16 mars 40, 12 déc. 61, 27 nov. 62, 26 juin 63; trib. com. Seine, 11 fév. 62; trib. Seine, 11 juin 61; Caen, 25 août 46; Mourl., Val., Pont, Bert., Dur., Marlou, Thierc. Mais le privilége pour les années à échoir ne peut être opposé par le propriétaire qu'au cas de concours avec d'autres créanciers, c'est sa seule raison d'être, Pers., Gren., Tarr., Fav., Pont, Merl., Cass. 8 déc. 6; Bruxelles, 5 déc. 11; Ren., Béd., Boul.-Paty, Loc., Lain., Lar.-Say., Pont, Brav., Demang., Labbé, Dall., Zach., Alauz.

Cependant, si la date certaine est postérieure de beaucoup à l'entrée en jouissance, elle seule détermine le point de départ du privilége, Pers., Gren., Merl., Fav., Tarr., M. et V., Pont; *Contrà :* Val., H.-Dem., Mourl.

II. — Au cas de bail verbal ou S. S. P. sans date certaine, même en cas de faillite, Paris, 13 fév. et 23 mars 33; Bourges, 10 fév. 33; *Une année à partir de l'expiration de l'année courante*, C. N. 2102, ce qui s'entend de : — *1° l'année courante et celle d'ensuite*, Delv., Pers., Val., H.-Dem., Coul., Pont, Merl., C.-Del.; — *2° l'année d'ensuite seulement*, Gren., Fav. de Lang., Tarr., Bordeaux, 12 juin 25, 17 déc. 39; Coul., Riffé-Caub. et Delap., C.-Del.; — *3° L'année courante, celle d'ensuite, et toutes celles échues*, Lyon, 28 av. 47; Cass. 28 juil. 24, 6 mai 35; Rouen, 22 août 24, 12 juil. 23, 25 av. 42; Grenoble, 28 mars 28, 28 déc. 38; Douai, 29 août 42; Dall., Lataillhède, Dur., Zach., Tropl., Gilb., Taúl., Paris, 25 août 46; Metz, 6 janv. 59; Bourges, 21 juin 56; Aub. et Rau, Dev., Roll.-Vill.; D.-N. Joccotton, M. et V., Demang.; — *4° l'année courante*, Mourl.

III. — Au cas de bail par tacite reconduction on accorde : — *1° Comme par un bail verbal*, Bordeaux, 12 juin 25; — *2° Comme par un bail authentique*, Gilb., Tropl.; — *3° Loyers échus, l'année courante et celle d'ensuite*, Dur.

IV. — Dans tous les cas, *supplément de fermage* attesté par les circonstances, Paris, 23 fév. 30; Gilb., Caen, 17 juil. 62; peu importe que les fermages et suppléments fussent représentés par des billets souscrits, Cass. 22 av. 51; Rennes, 8 mai 50; trib. Nantes, 15 sept. 49.

2. Réparations locatives, et tout ce qui concerne l'exécution du bail, C. N. 2102, ainsi que détériorations imputables au locataire, Rennes, 3 janv. 21; Paris, 25 avr. 46; Gren., Pers., Tropl., Zach., Delv.; même en cas de bail sans date certaine, Rouen, 12 juill. 23;

sans cependant pour cette exécution pouvoir demander une garantie
ou empêcher la vente, Cass. 16 août 14 ; — 3. Frais du bail ; — 4.
Amélioration à la charge du locataire, Val.; — 5. Impôts de portes et
fenêtres, Paris, 25 avr. 16 ; J.-P.; — 6. Avances et fournitures en nature ou argent faites en vue de l'exploitation, par le propriétaire, ou
par un tiers soit d'après le bail, Rennes, 3 janv. 21 ; Paris, 25 avr. 46 ;
Douai, 18 avr. 50 ; Delv., Poth., Dur., Tropl., Zach., Dev., Aub. et Rau,
Gren., Pers., Bug., soit pendant sa durée, Dur., Taillefer, Tropl.;
Zach., M. et V., Val., Pont, Mart., Dall.; Angers, 27 août 21 ; Limoges, 26 août 48 ; *Contrà :* Poth., Pers., Bugn., Gren., Delv.; surtout
pour l'entretien de la chose louée, Bordeaux, 7 août 33 ; n'eussent-elles
pas été convenues par le bail, Dur.. Dev.; — 7. Avances par un commissionnaire planteur pour l'exploitation d'une habitation coloniale,
Cass. 3 janv., 37 ; et non en vue seulement de la personne, Cass.
24 août 42. — 8. Dommages-intérêts pour inculture, Gilb., Nîmes,
7 vent. an 12 ; — 9. Indemnité de résiliation de bail, trib. Senlis,
21 avr. 59 ; Amiens, 10 nov. 59. ; Pailles à rendre à la fin du
bail, Cass. 7 avr. 57 ; Indemnité pour occupation prolongée, Cass.
7 avr. 57 ; Mais non pour sûreté de prix de cession de bail, Duv., Dur.,
Dev.

Sur : 1. Récoltes, fruits de l'année, C. N. 2102, et des précédentes,
(tous les aut.), détachés ou non, Tarr., Dur., Tropl., Roll.-Vill. ; à
moins qu'ils n'aient cessé de garnir les lieux affermés, Gilb., Lyon,
21 fév. 36 ; Cass. 19 déc. 43 ; Limoges, 26 août 48 ; Tarr., Delv., Pers.,
Fav., Tropl., Val., Aub. et Rau, M. et V. ; et mêmes'ils sont enlevés,
Tropl.; — 2. Ce qui garnit la maison ou la ferme, C. N. 2102, ou
tout domaine, même sans bâtiment, Aix, 30 mars 65 ; fût-ce la propriété de la femme séparée de biens, Aix, 9 déc. 9 ; Paris, 2 juin 31 ;
même non obligée au paiement des fermages, Grenoble, 4 août 32 ;
ou mariée sous le régime dotal, Paris, 2 juin 31 ; Cass. 4 août 56 ; —
3. Objets servant à l'exploitation d'une ferme, C. N. 2102, d'une maison, ou d'un commerce, pourvu qu'ils soient dans la dépendance de
l'exploitation, Bourges, 2 juill. 7 ; le propriétaire eût-il laissé vendre
sans protestation ni opposition, Poitiers, 4 mars 63 ; *Contrà :*
Bruxelles, 10 juin 33 ; peu importe que, garnissant ou exploitant, ces
objets, ainsi que les fruits des héritages sous-loués appartiennent au
locataire, à des sous-locataires, ou à des tiers prêteurs ou locateurs,
Gren., Pers., Tropl., Dev., Douai, 19 fév. 48 ; *Contrà :* Paris, 2 mars 29,
14 mars 12 ; ou à des tiers logés gratuitement, Poth., Pers.; *Contrà :* Dur.,
qui, dans ce dernier cas, limite le privilége au cas de fraude. La notification après l'introduction serait sans effet, Gren., Delv., Mourl.,
Pers., Taillefer, Tropl., M. et V., Val., Aub. et Rau, Zach., Dur.,

Paris, 26 mai 44 ; de même qu'un simple avis avant, Cass. 9 août 45 ; Grenoble, 4 août 32 ; Douai, 19 fév. 48 ; Bordeaux, 16 mars 49 ; *Contrà* : Paris, 18 déc. 48 ; Aix, 30 mars 49 ; Lyon, 13 mars 49 ; Mais le sous-locataire ou sous-fermier n'est tenu qu'à défaut du locataire principal, Paris, 26 fév. 16, et à concurrence de son dû au moment de la saisie, sans pouvoir opposer les payements anticipés, encore que le sous-locataire ne représente pas de bail authentique ou ayant date certaine, Cass. 2 avr. 6, Tropl. : le privilége ne garantit ainsi que les loyers dûs par le sous-locataire, Paris, 2 fév. 8 ; Amiens, 10 avr. 39 ; Toulouse, 5 fév. 45 ; — 4. Objets déposés sur des emplacements extérieurs ou dans les bâtiments dépendant de la ferme, fussent-ils le produit d'une ferme étrangère dont le propriétaire n'aurait fait ni signification, ni saisie-gagerie, ni revendication, Paris, 25 juin 53 ; Poitiers, 30 déc. 23 ; Poth., Gren., Pers., J.-P., Tropl. ; — 5. Fruits perçus, et même vendus par acte authentique ou S. S. P. ayant date certaine avant la saisie, mais non livrés, Limoges, 26 août 48 ; Pers., Pont, Tropl., Gren., Delv., Tarr., Fav., Val., Lyon, 24 févr. 36 ; ou même transportés dans des bâtiments étrangers, Delv., Gren., Dall., Basp., à charge de prouver l'origine, J.-P., à moins que la ferme ne possède pas de grange, Poitiers, 30 déc. 23 ; ou que le propriétaire de la ferme ait notifié son privilége au propriétaire de la grange. — 6. Meubles meublants transportés dans une maison étrangère à l'égard desquels il en est de même, Pers., Pont, Dall. ; — 7. Bibliothèque, linges, vêtements, Tropl., Dur. ; — 8. Ce qui garnit les lieux loués au moment de la faillite, et non les produits amenés par l'exploitation continuée par le syndic, Paris, 22 fév. 61 ; — 9. Bois et échafaudage d'un théâtre forain, à moins que le propriétaire du sol n'ait su que ces bois n'appartenaient pas au locataire, Aix, 30 mars 55 ; trib. Marseille, 15 déc. 61 ; — 10. Matières premières, objets manufacturés, marchandises en magasin, et non encore versées dans le commerce, Liége, 21 mai 42 ; Orléans, 26 mai 25 ; Fav., Gren., Dur., Tropl., Pont, Paris, 21 mars 22 ; D.-N. ; *Contrà* : Amiens, 27 août 39 ; — 11. Objets en magasin, cave ou galerie pour usage, ornement, consommation ou en consignation, etc., Dev., Paris, 5 mai 28 ; — 12. Objets garnissant la boutique d'un pharmacien, Bruxelles, 2 nov. 42 ; — 13. Cheptel donné par un tiers au cas où l'introduction n'aurait pas été précédée d'une signification, Cass. 9 août 45 ; Nîmes, 7 août 12 ; Paris, 31 juil. et 7 août 18 ; Duv., Tropl., Pers., Dur., Gilb., qui au surplus peut être remplacée par tout autre acte ou fait équivalent, Cass. 7 mars 43 ; Tropl., Gilb., *Contrà* : Paris, 31 juil. 18. Le privilége existerait malgré la stipulation que le preneur ne pourrait introduire qu'avec l'autorisation du bailleur, Cass. 7 mars 43 ; — 14. Indemnité accordée au locataire par suite d'expropriation pour utilité publique, Rouen, 12 juin 63; *Contrà :* Aub. et Rau.

Mais non pas sur : 1. Indemnité payée par l'assurance au locataire pour risque locatif, Cass. 20 déc. 59, 31 déc. 62; Lyon, 27 déc. 61; Amiens, 30 mars 59; Al., Tropl., Dur., Pard., Pers., Quesn. — Grün et Joliat, Philbert (*Rev. Crit.*), Goug. et Merg., Dall.; *Contrà :* Paris, 13 mars 37 et 24 mars 55; Pouget, trib. Lyon, 23 av. 61. — 2. L'actif en général : la restriction aux objets déterminés étant de rigueur, Bordeaux, 7 août 33. — 3. Numéraire, créances actives, Delv., Tropl., Gilb., Gren., Dur., Dev., Pont, Pers., Dall. — 4. Droits incorporels : brevet d'invention, etc. etc., Lyon, 26 déc. 63; Dall.; *Contrà :* trib. Nantua, 10 mars 63. — 5. Pierreries, bijoux, Delv., Gren., Dur., Gilb., Pers., Zach., Tropl., Val., Dall.; *Contrà :* Poth., Pont. — 6. Objets de présence momentanée chez le débiteur, et non à demeure : effets de voyageurs, Paris, 26 mai 11; linge pour le blanchissage, étoffes à transformer en habillements (tous les aut.); objets manufacturés ou à manufacturer apportés en fabrique, Cass. 22 juil. 23; machine confectionnée pour un tiers et avec ses matériaux, Paris, 8 mars 11; lit de l'élève dans un pensionnat, Tropl., Poitiers, 30 juin 25; 3 juil. 33; tableaux remis pour être restaurés, Paris, 11 mars 12; blés déposés pour la mouture et farines obtenues, Paris, 18 déc. 18. — 7. Meubles reconnus être volés, Pers., Delv., Dur., Val., Zach., Dev., Mourl., Pont, Dall. — 8. Mobilier de salle de spectacle, qui, au su du propriétaire, n'est pas à son débiteur, Cass. 31 déc. 33, 7 mars 43; Paris, 2 mars 29, et 18 déc. 48; Lyon, 13 mars 48. — 9. Marchandises en dépôt ou consignation chez un commissionnaire, Cass. 21 mars 26, Dur., Pers.; *Contrà :* Paris, 5 mai 28. — 10. Meubles donnés au locataire en dépôt ou nantissement quand le propriétaire en est averti par les circonstances ou par avis formel, Delv., Pers., Dur. — 11. Fruits livrés à un acquéreur de bonne foi, Delv., Fav., Merl., Dur., D.-N. — 12. Minutes d'un notaire pour loyers de l'étude, trib. Châtillon-sur-Seine, 14 juin 34. — 13. Marchandises et mobilier industriel du locataire commerçant, Amiens, 10 avr. 30. — 14. Objets introduits par le locataire en garni, Paris, 2 mars 20, trib. civ. Bruxelles, 10 déc. 66; Dall., Tropl., Gilb. — 15. Grains récoltés ou animaux nés depuis saisie-gagerie et représentant ceux saisis, Gilb., Cass. 19 déc. 43.

Exercice en cas de faillite. 30 jours seulement après le jugement déclaratif, C. co. 450, sur les objets servant à l'exploitation; sans préjudice à l'action en payement, Lainné, contre le Syndic définitif et non provisoire, Cass. 4 avr. 41. Tous autres objets peuvent être atteints immédiatement. La suspension d'un mois cesse en cas de reprise de possession par le locateur des lieux loués, C. com. 450, d'après la loi ou une condition résolutoire, Paris, 12 oct. 42, 19 fév. 30, 21 août 39. Le propriétaire peut être dispensé de figurer à la contribution en faisant statuer par le juge commissaire, C. pr. 661, et se faire autoriser en référé à recevoir les deniers de la vente, nonobstant toutes oppositions d'autres créanciers, Paris, 12 sept. 39; ord. Debelleyme.

Gage, Nantissement (considérés seulement comme privilége), supplément de nantissement, Paris, 3 juin 44; **et sous-gage,** Paris, 12 janv. 48; même en cas de faillite, C. com., 546.

Pour sûreté de : 1° Toutes sortes d'obligations civiles, commerciales, naturelles, à terme, alternatives, conditionnelles, Dr. rom., Dall., divisibles ou indivisibles, obligation de faire ou de ne pas faire, Cass. 29 nov. 66; Dur., Tropl., M. et V. La compétence est au tribunal civil ou à celui de commerce, selon la nature de l'obligation, Montpellier, 11 fév. 42; Cass. 4 prair. an 11; — 2° Dépenses utiles et nécessaires pour la conservation du gage, C. N. 2080; — 3° En second ordre, créance pour sûreté de laquelle le débiteur aurait fait une tradition frauduleuse du gage, par la remise de doubles clefs de magasin, Aix, 21 fév. 40.

Sur : 1° Le gage, C. N. 2102, inférieur ou non à la dette, Bordeaux, 8 juin 32; conféré par le débiteur ou par un tiers, C. N. 2077; et devant rester indivisible, que la dette devienne divisible, ou non par la mort du débiteur, ou du créancier, C. N. 2083; et ne pouvant être réclamé par l'héritier du débiteur qui a payé sa fraction, ni remis par celui du créancier au préjudice de ses cohéritiers non désintéressés, C. N. 2089; — 2° Rentes sur l'État, Cass. 4 avr. 66; Lyon, 8 juill. 64; Paris, 13 janv. 54; M. et V.; même au porteur, Dijon, 18 déc. 55; — 3° Argent comptant, Poth.; — 4° Brevet d'invention, Paris, 29 août 65; sans signification, ni enregistrement à la préfecture, même arrêt; mais cela ne donne pas le droit d'exploiter, Ren., Noug., Goug. et Merg.; — 5° Droit à un bail, Paris, 26 fév. 52, 11 avr. et 31 mai 66; Cass. 13 avr. 59, 6 mars 61; Trib. Seine, 31 août 63; J. Le Droit, 19 mai 55; Grenoble, 4 janv. 60; *Contrà :* Lyon, 1er déc. 57; Paris, 29 juin 60; Ch. Royer, Tropl., avant même le commencement de la jouissance, Cass. 13 av. 59; *Contrà :* Lyon, 1er déc. 57; et à la condition que le bail ne contienne pas interdiction de céder, Paris, 26 fév. 52; — 6° Choses mobilières incorporelles, C. N. 2075, pourvu qu'elles reposent sur un écrit, Tropl., Lyon, 31 janv. 39; — 7° Actions de société, même sans l'adhésion des actionnaires, Cass. 7 janv. 51; Rouen, 29 avr. 37; — 8° Ce qui reste du gage après distraction, Cass. 11 août 42; — 9° Navire; par transcription au registre d'inscription maritime, des pièces de propriété, Pard., ou par forme d'une vente pour garantie d'avances, Rennes, 29 déc. 49; Cass. 2 juill. 56; trib. com. Rouen, 3 janv. 55; Rouen, 18 nov. 55; — 10° Reconnaissances de mont-de-piété, Metz, 22 déc. 20; — 11° Effets de commerce, Paris, 15 fév. et 21 juin 42; — 12° Actions nominatives, Montpellier, 4 janv. 53; — 13° Marchandises d'une société en liquidation, le liquidateur ayant qualité pour constituer le nantissement, Paris, 17 mars 49; Cass. 5 mars 50; — 14° Ensemble de nantissements devant s'étendre à l'ensemble des sommes prêtées, Cass. 24 déc. 66; Aix, 5 janv. 65.

Mais non pas sur : 1° Action en répétition par le mari d'impenses aux propres de la femme, Lyon, 31 janv. 39; — 2° Brevet d'imprimeur, Paris, 2 janv. 43; — 3° Marchandises passées au nom du créancier à titre seulement de transfert en douane, Cass. 17 mai 47; Aix, 21 fév. 40; *Contrà :* Tropl.; — 4° Fonds de commerce, achalandage, Dumolard, *Rev. Crit.*, *Contrà :* Paris, fév. 51; — 5° Papiers blancs encore aux mains de l'imprimeur en tant que gage d'impressions précédentes livrées, Paris, 24 avr. 27; — 6° Actions déclarées inaliénables, Paris, 15 nov. 50; — 7° Planches gravées remises à un imprimeur en taille-douce, trib. Seine, 7 fév. 30; — 8° Créance ou action non établie par titre, Lyon, 31 janv. 39; — 9° Valeurs déjà affectées au gage d'un autre créancier, Paris, 15 nov. 50, 4 déc. 47, 12 janv. 46; Dev., Aix, 21 fév. 40; à moins que l'effet du second nantissement ne doive se produire qu'après celui du premier, Aix, 31 fév. 40; Tropl., Aub. et Rau.; — 10° Bail emphytéotique, Paris, 3 fév. 36; — 11° La totalité des actions d'une société réunies entre les mains d'un seul associé, car alors, il n'y a plus de société et l'action est un titre évanoui, Cass. 10 avr. 67; Saint-Denis (Réunion), 7 fév. 65; Dall., Paris, 15 fév. 51;

A charge envers les tiers, Cass. 13 juill. 21, 5 juill. 20; Bordeaux, 28 août 40; Zach., Tropl., Dur., Dall., et au cas de valeur de l'objet gagé supérieure à 150 fr., de constatation par écrit authentique, ou S. S. P., C. N. 2074, ne fût-il pas fait double, Dur.; contenant déclaration de la somme due, espèce et nature des choses, état de leur qualité, poids et mesure. Cette désignation faite de manière à empêcher toute substitution, Dur., annot. de Zach., Paris, 7 août, 26 mai et 15 juin 41; Dur., Boil., Douai, 18 avr. 37, 10 fév. 43; Montpellier, 16 nov. 42; peut être référée à un inventaire précédant l'acte de nantissement, Bordeaux, 8 juin 32; et doit détailler tous les volumes d'une bibliothèque, Cass. 4 mars 11; Paris, 8 juin 9, 4 mars 11; tous les objets grevés, à ce point que ceux détaillés insuffisamment sont affranchis, Dall., Dev., Carr., Gilb., Dur., Zach., et même l'acte serait nul pour le tout, Cass. 4 mars 11; Paris, 8 juin 9; *Contrà*: Dur., Zach., Dev., Carr., Gilb.

Sont des écrits ou équivalents: 1° Contrat de Mariage, Bordeaux, 8 juin 32; — 2° Mention dans un acte de société passé en exécution du nantissement, Nimes, 2 août 47; Cass. 18 juill. 48; — 3° Déclaration verbale du tiers dépositaire du gage, Aub. et Rau; Paris, 4 déc. 47; déclaration qui est même, en cas de faillite, opposable par le créancier aux autres, Nimes, 2 août 47; Riom, 8 mars 45; Cass. 4 janv. 47; — 4° Jugement qui a reconnu le gage, Cass. 13 avril 11; *Mais non pas*: 1° Présomption, ou énonciation dans un acte, Aix, 21 fév. 40; même transcrit en entier au bureau de l'enregistrement, même arrêt; — 2° Vente simulant un gage, Cass. 45 juin 29; Aub. et Rau; Paris, 1er mars 28; *Contrà*: Cass. 23 juill. 44, 2 juill. 56; Rouen, 29 déc. 49; Tropl.; — 3° Constatation dans un inventaire, Metz, 21 mars 47; — 4° Lettre missive, Montpellier, 4 janv. 45; — 5° Écritures passées sur registres, Cass. 5 juill. 20. Mais l'enregistrement qui n'est demandé que pour donner date certaine avant que les tiers aient acquis des droits, Metz, 22 déc. 20; Dur., Tropl., Dev., Roll.-Vill., ou avant les dix jours de la faillite, Dur., Roll.-Vill., Béd., Gilb., peut être remplacé par des équipolents, Delv., Roll.-Vill., Cabrye, Val., Béd., Taul., Tropl., Dall., Dev., Gilb.; Cass. 17 fév. 58; Dijon, 18 déc. 55; Cass. 7 janv. 51; Nimes, 2 août 47; *Contrà*: Dur., Zach., Aub. et Rau; M. et V.; non cependant par un timbre de la poste, Aix, 27 mai 45; Dur., Delv.; Montpellier, 4 janv. 53. Une simple reconnaissance du créancier ne suffirait pas, Douai, 29 mars 43.

Mais entre créancier et débiteur, aucune forme n'est commandée, autre que les règles du droit commun, Disc. de Gary au Tribunat; Dev., Massé, Esn., Béd., Zach., Tropl., Dur., Poth.; Paris, 13 juill. 24, 29 mars 56; Bordeaux, 28 août 10, 8 juin 32; Dev., Gilb., Pard., Dur., Dall.; Cass. 31 mai 33, 25 mars 51, 22 juin 58, 31 mars 36, 13 juil. 24; en matière civile, comme en matière commerciale, Pard., Tropl.; Cass. 31 mai 36; Paris, 22 et 29 mars 32;

A la charge encore, quant aux choses mobilières incorporelles, même inférieures à 150 fr., d'un acte authentique ou S. S. P. enregistré; de plus, quant aux créances, d'une signification au débiteur, ou d'une acceptation, C. N. 2075, outre la remise des titres, Liége, 13 mai 10; Aix, 21 juil. 12; au gagiste ou à un notaire, même non spécialement désigné, Bourges, 5 juin 52, 9 juin 54; M. et V., Aub. et Rau, Val., Béd., Gren., Dev., Delv., Dur., Zach., Fav., Dall., Liége, 15 mai 19; Toulouse, 17 av. 21; Aix, 2 janv. 21 juil. 12, 12 juin 23, 21 fev. 20, 25 août 22; Cass. 13 déc. 37, 15 janv. 45, 11 juin 46,

2

9 juin 48, 43 av. 59; 43 déc. 33; Paris, 26 mai et 45 juin 41, 45 nov. 50, 9 av. 53, 7 août 41; Lyon, 31 janv. 39; Rouen, 44 juin 47; Val., Tropl.; *Contrà:* Seine,.. 4845.

Cependant: — 4. Le nantissement sur valeurs au porteur est dispensé de la signification, Metz. 22 déc. 20; Dev., Bordeaux, 47 avr. 45; *Contrà:* Cass. 30 nov. 64; de même que celui de rentes sur l'État, Dijon, 48 déc. 55; — 2. L'agent de change a, sans écrit, nantissement sur valeurs remises en garantie par son client, Paris, 22 et 29 mars 32; Cass. 44 juil. 57; — 3. L'ouvrier a nantissement sur marchandises retenues sans écrit constatant ce nantissement, Rouen, 9 juin 26 et 4er mars 27; Pers., Delv., Pont, Dall.; même pour prix de travaux précédents, Cass. 9 déc. 40.

Dans tous les cas de gage civil ou commercial, il faut: — 4. Que l'objet gagé ait été mis au moment même du contrat, Paris, 45 juin 44; ou par tradition réelle, ou, s'il s'agit de marchandises, par la remise des clefs du magasin, Aix, 21 fév. 40; Tropl., Delam. et Lep., Esn., et soit resté en la possession du créancier, ou d'un tiers convenu, C. N. 2076, C. C. 92, intervenant ou non, Rouen, 44 juin 47; Paris, 9 nov. 43; mais y consentant, Paris, 42 juin 44; même par écrit privé non enregistré, Paris, 4 déc. 47. La possession du tiers n'est pas interrompue par la remise, ni au propriétaire de la créance ou à l'avoué, des titres pour poursuivre, Bourges, 5 juin 52; ni, de temps à autre, des clefs au débiteur pour soins à donner à la marchandise, Cass. 44 août 42; Paris, 7 août 44 et 26 mai 44, Esn. — 2. Que la dépossession du débiteur ait été assez complète pour empêcher toute substitution, Tropl., Pard.; Paris, 26 mai 44, 45 juin 44. Il n'y a pas dépossession, si le débiteur qui a gagé son fonds de commerce en continue l'exploitation, Paris, 26 juil. 54. Le défaut de possession ne peut être invoqué par le débiteur, ni par ses héritiers, même bénéficiaires, Bordeaux, 8 juin 32. — 3. Que, de plus, en matière commerciale, le négociant, sans être nanti réellement, ait, ou lettre de voiture, ou connaissement, C. co. 92, ou la marchandise à sa disposition, en magasin, navire, douane, ou dépôt public, C. co. 92, ce qui s'induit de tous actes ou faits entraînant le dessaisissement du débiteur, Tropl., Dall. — 4. Que le créancier n'abuse pas du gage, car le débiteur pourrait le reprendre, après s'être libéré entièrement, C. N. 2082.

Les nantissements, à l'exception toutefois de ceux donnés au crédit foncier sur obligations foncières pour garantie d'avances, L. 49-25 juin 57; *sont régis:* — 4. Ceux civils, par les art. 2074 et suiv. C. N. — 2. Ceux commerciaux antérieurs à la L. du 23 mai 63, par les mêmes art., sauf les dispositions spéciales au commerce, Montpellier, 4 janv. 53, 46 nov. 42; Metz, 25 août 27; Rouen, 2 déc. 43; Aix, 27 mars 45; Har.,

Pard., Fav., Massé, de Broë, Dev., Tropl., Cad., Dur., Zach., Val., Esn., Dall., Bédarr.; Cass. 5 juin 20, 27 nov. 63, 31 mai 36, 17 mars 29, 30 nov. 64, 18 mars et 6 mai 45, 17 mai et 11 août 47, 19 juin 60, 2 mars 61; Caen, 22 juil. 45; Douai, 10 fév. 43, 18 av. 37, 29 mars 43; Lyon, 12 juil. et 27 août 49; Paris, 8 juil. 40, 26 mai, 15 juin et 7 juil. 41, 15 fév., 2 mars et 31 juin 42, 3 juin 44; Poitiers, 21 juil. 42; *Contrà:* Rouen, 9 juin 26 et 29 av. 37; Metz, 5 fév. 20; Toulouse, 8 mai 35; Colmar, 7 mars 42; Rennes, 29 déc. 49; Nancy, 11 déc. 38; Cass. 6 mai 45; Bordeaux, 17 av. 45; Paris, 29 mars 55, 3 juin 44, 7 mars 57, 8 fév. 54; Nîmes, 2 août 47; Delam. et Lep., Gren., Hazel. — 3. Ceux commerciaux postérieurs à la loi de 63, par les art. 91 et 109 C. co. — 4. Ceux civils de valeurs au porteur ou négociables, par l'endos ou la simple tradition, Rouen, 29 av. 37, 17 juin 45; Alger, 9 juin 62; Paris, 29 mars 56, 19 mai 58, 8 fév. 54, 17 mai 37, 7 mars 57, 22 janv. 61; Metz, 22 déc. 20; Cass., 23 janv. 60, 26 juil. 63, 6 août 45, 28 juin 63, 18 juil. 48; M. et V., Pard., Boil., Dev., Poug., Tropl., Dev., Har., Al.; Nîmes, 2 août 47; Bordeaux, 17 av. 45; Rennes, 29 déc. 49; Tropl., Boil.; *Contrà:* Dur., Aub. et Rau, Béd., Goug. et Merg., Gilb.; Meunier, Riv., Dijon, 18 déc. 55; Paris, 21 juin 42; Douai, 29 mars 43; Rouen, 2 déc. 43, et 21 janv. 61; Lyon, 12 juil. 49; Amiens, 2 mars 61; Cass. 5 juil. 20, 30 nov. 64, 19 juin 60, 2 déc. 61, 11 août 47; Montpellier, 4 janv. 53; même sans enregistrement, Nîmes, 2 août 47.

Le gagiste ne peut, à défaut de paiement : — 1. En matière civile, disposer du gage, C. N. 2078, s'il n'a procuration, Zach.; Rennes, 29 nov. 20; postérieure à l'acte de gage, Cass. 25 mars 35, ou autorisation de toucher sur ses simples quittances. — 2. En matière commerciale où civile, Tropl., que conclure devant le juge, autre que celui de référé, Paris, 3 oct. 39, à ce que le gage lui soit, ou laissé jusqu'à due concurrence, d'après estimation d'expert ou du tribunal, Cass. 1er juill. 56; ou vendu aux enchères, l'option lui restant, Colmar, 23 fév. 28; Delv., Tropl., Meil., Dev., ou vendu en bourse, Bordeaux, 8 janv. 34; Cass. Belgique, 18 fév. 25; Gilb.; Cass. 4 avr. 66; Lyon, 8 juill. 64; — à charge, dans tous les cas, d'entendre préalablement le débiteur, Dur., Dall., qui, toujours, supporte les frais de justice, par voie de déduction sur le gage, même s'il a consenti à la réalisation, C. N. 2078; C. pr. 130; Rennes, 6 juin 33; Bruxelles, 25 juin 31; Cass. 22 mai 43. — 3. Toucher le dividende d'une faillite avant d'avoir fait vendre le gage, même en cas de concordat, Paris, 16 déc. 36; Ren., Dall.

Cependant le créancier peut se rendre acquéreur ou cessionnaire du gage, Cass. 21 et 22 mai 55; à moins qu'il n'ait eu mandat de la vendre, Cass. 7 déc. 52; disposer d'un gage de valeur constituée sous forme d'acquisition pour lui avec stipulation de report, Cass. 3 fév. 62; Paris, 8 juill. 60; et revendiquer dans les mêmes conditions que le locateur, le gage dont il se trouve dépouillé à son insu, ou malgré lui, Pers., Dev., Dur., Dall., Delv.

Le prix du gage s'impute proportionnellement sur chacune des dettes créées simultanément, ou sur les plus anciennes, si elles sont successives, Delv., Dall.

Le créancier doit, à l'égard du gage: — 1. Veiller à sa conservation, exigeât-elle des connaissances qu'il n'aurait pas, Cass. 11 août 12; et des dépenses utiles qui lui sont remboursées jusqu'à concurrence de la plus-value, Dur., Zach. — 2. Renouveler les inscriptions, Proudh. — 3. Interrompre les prescriptions, Proudh. — 4. Recouvrer les produits, même par poursuites, Bourges, 5 juin 52; Delv., Dur. — 5. Le rendre avec tous fruits, produits, et accessoires, même ceux qu'il a manqué de percevoir, Poth., après paiement intégral, soit de la créance garantie, soit d'une autre souscrite par le débiteur personnellement, envers le créancier personnellement, Boil., Dur., postérieurement à la mise en gage, mais non garantie, et échue avant la première, C. N. 2082, ou en même temps, Tropl., Dur., Zach., Dall., Delv.; Aix, 21 fév. 40, ou après, mais ayant paiement, Dall., Gilb.; *Contra :* Delv., Dur. — 6. Répondre de toute perte ou détérioration causée par sa négligence, C. N. 2080, ou de vol; à moins de prouver l'impossibilité de prévenir l'accident, Dall., Cass. 3 déc. 31, mais non pas de la dépréciation en bourse, Paris, 3 juin 51.

Les syndics peuvent à toute époque retirer le gage en remboursant la dette, C. co. 547, même avant qu'il y ait union, Rédarr., Boil.

Le gagiste commercial réalise selon art. 93. C. co. et L. 28 mai 58.

Gage et nantissement *en faveur de :*

BANQUE DE FRANCE, L. 17 mai 33; Ord. 15 juin 34; pour avances sur effets publics français à échéance non déterminée;

Avec droit de faire vendre en bourse par agent de change tout ou partie des effets, à défaut de couverture 3 jours après simple mise en demeure par acte extrajudiciaire; et à défaut de remboursement, dès le lendemain de l'échéance, sans mise en demeure ni autre formalité, L. 1833; sans responsabilité pour la dépréciation des effets, Paris, 3 juin 51.

CRÉDIT FONCIER, L. 19-25 juin 57; Pour avances : 1° sur obligations foncières (même loi); 2° sur rentes françaises, aux départements, communes, associations syndicales, hospices, établissements religieux de bienfaisance, et autres d'utilité publique, L. 26-27 fév. 62;

Avec droit de faire vendre le titre en bourse par agent de change, dès le lendemain de l'échéance, à défaut de remboursement, sans mise en demeure, L. 19-25 juin 57; 26-27 fév. 62.

PORTEUR D'UN WARANT, qui est prêteur ou cessionnaire d'un prêteur sur marchandises déposées aux magasins généraux, Déc. 21 mars 48; L. 28 mai — 11 juin 58;

Avec droit de faire vendre, 8 jours après protêt, sans aucune formalité de justice, publiquement et en gros, la marchandise engagée, L. 11 juin 58;

Pour être payé après contributions indirectes, octroi, douane, frais de vente, magasinage, conservation de la chose, et avant tous autres, L. 11 juin 58.

Frais faits pour la conservation de la chose, C. N. 2102, ce qui est à déterminer par le juge, Cass. 13 mai 25; et à prouver par toutes les voies de droit.

Sur : L'objet à conserver, corporel ou incorporel, animé ou inanimé, Tarr., Gren., Pont, Merl., Dur., Tropl., encore en la possession du créancier, Grenoble, 14 janv. 45; Dev., Poth., Dur., Tropl., Delv., Pers. ; ou même remis, Zach.

Et non pas : 1° Un équivalent, ou un autre qui le représenterait, fût-ce le même sous une nouvelle forme, Pers., Fav., Pont, Duv., Roll.-Vill., Dev. — 2° Ou le même après immobilisation par destination ou incorporation ; — 3° Ou un objet à la confection duquel la chose aurait servi, Colmar, 7 mai 12; Rouen, 18 juin 25 ; — 4° Objet que le créancier a aliéné, Pers., Bruxelles, 18 juin 9; — 5° Immeubles ou récoltes non détachées, Douai, 21 janv. 65; Pont ; — 6° Droit de péage sur un pont quand le privilège est occasionné par la construction même, Cass. 20 fév. 65.

Pour sûreté de : 1° Frais sans lesquels la chose eût péri, ou eût cessé de remplir sa destination, Bordeaux, 28 mai 32; — 2° Frais d'amélioration, Colmar, 7 mai 12; Rouen, 28 juin 25; Gren., Zach., Batt.; *Contrà :* Pont, Delv., Pers., Dall., Dur., Tropl., Val., Mourl., Angers, 6 juil. 26; Poth., Toulouse, 7 déc. 38; Paris, 5 mars 38; Cass. 9 déc. 40, 17 mars 29. Ce dernier arrêt reconnaît seulement un droit de rétention quand ces améliorations ne s'appliquent pas à d'autres objets vendus, Rouen, 9 juin 26; Angers, 6 juill. 26; Paris, 24 av. 17 et 31 mai 27; Dur.; *Contrà :* Rouen, 18 juin 22; — 3° Frais faits pour empêcher la diminution de valeur, Ren.; — 4° Avances pour la conservation d'une créance du débiteur, Cass. 18 mai 35, 4 mai 24; Zach., Gilb.; Rouen, 22 janv. 19; — 5° Engagements contractés par un liquidateur de société commerciale chargé par sentence arbitrale de gérer sous sa responsabilité, Paris, 16 déc. 41;— 6° Diligences antérieures à la faillite faites par un créancier et tendant à la conservation du gage commun, Rouen, 6 janv. 42;— — 7° Prêt par un tiers en établissant la destination des deniers, Pers., Dall, ;—8° Versement par le gérant à la caisse d'une maison de commerce afin d'alimenter l'établissement, Angers, 8 déc. 48;— 9° Nourriture et pansement d'un cheval;—10° Assurance maritime;— 11° Mains-d'œuvre, et avances d'un blanchisseur, teinturier, manufacturier, pour apprêt, façonnement et perfectionnement des tissus ou matières qu'il a encore en main, et pour la portion de sa créance qui leur est applicable, Angers, 6 juil. 26; Paris, 24 av. et 31 mai 27; Cass. 17 mars 29; Bruxelles, 17 juin 9; Lyon, 27 mars 33; Rouen, 9 juin 26; Delv., Pers., Tropl., Dur.; et même pour travaux antérieurs exécutés surtout en vertu d'un même traité, Rouen 28 juin 25, 1er mars 27, 17 déc. 28, 25 fév. 29; Pard.; Colmar, 7 mars 12; Tropl., Gren., Zach., Pont, Aub. et Rau; Cass. 9 déc. 40, 13 mai 61; Caen, 31 janv. 60; *Contrà :* Grenoble, 14 janv. 15; Cass. 17 mars 29; Caen, 6 nov. 60; — 12° Ouvriers de fabrique sur les produits non sortis, Cass. 12 brum. an 11; Grenoble, 14 janv. 15; — 13° Frais et salaires d'un mandataire pour arriver à une vente volontaire, Cass. 13 mai 28; — 14° Frais d'un avoué qui n'a pas demandé distraction, sur le montant des condamnations obtenues pour son client, Pig., Carré; à plus forte raison quand distraction a été ordonnée, Metz, 12 déc. 10; —15° Réparations faites par un fermier à l'immeuble loué pour l'améliorer, Rennes, 3 janv. 21; Dev.; — 16° Frais d'équarrissage de bois de construction, tant que les bois sont encore en la possession du débiteur, Rouen, 23 mars 44; Tropl. — 17° Frais d'annulation d'un acte préjudiciable à quelques créanciers, Bordeaux, 28 mai 32; — 18° Usufruitier qui, aux lieu et place du nu-propriétaire a fait des grosses réparations, Cass. 30 juil. 27; Proudh., J.-P.; Amiens, 23 fév. 21; *Contrà :* Dur. ; —19° Fournitures au liquidateur d'une société pour maintenir une usine en activité, eussent-elles été commandées avant la dissolution et reçues après, Dijon, 17 mars 62.

Mais non pas : 1° Indemnité promise à un gérant pour le cas de décès ou de faillite des commettants, Angers, 8 déc. 48; — 2° Avances par un mandataire salarié dans une entreprise commerciale, Cass. 8 janv. 39; Paris, 27 nov. 45; — 3° Fournitures à un pensionnat, Paris, 5 mars 38; Dev.; — 4° Ferrement des chevaux, Amiens, 20 nov. 37; — 5° Honoraires payés à un avocat pour conseil sur recouvrement de créances, Pont, *Contrà :* Paris, 28 janv. 43; — 6° Somme due à un remplaçant au service militaire, par une c mpagnie, sur ce que le remplacé doit à cette compagnie, Paris, 16 août 38; Pont; Cass. 13 janv. 41; *Contrà* : Toulouse, 16 juin 31; Lyon, 21 mars 33; Tropl., Gilb.; — 7° Prime d'assurance terrestre contre l'incendie ou la grêle, Paris, 8 av. 34; Quesnault, Grün et Joliat, Pard., Pers., Al., Dall.; *Contrà* : Boudousquié; — 8° Travaux réglés par billet à ordre opérant novation, Dev.; Lyon, 29 mars 33 ; — 9° Frais et dépens d'un avoué en matière de partage, Cass. 11 déc. 34; Rouen, 19 juin 46; bien qu'il y ait eu distraction; — 10° Gardiens d'objets saisis, au cas d'annulation de la saisie sur une demande en revendication, eût-il fait des dépenses de conservation, Gilb.

Vendeur à terme ou sans terme d'effets mobiliers non payés, C. N. 2102.

En faveur de : — 1° Vendeur encore créancier lui-même, Cass. 1er mars 59; Toulouse, 13 juil. 51; — 2° Caution de l'acquéreur qui a payé, C. N. 2029, Durand; Cass. 1er août 53; Bioche; Paris, 3 juin 45, 8 juin 36; — 3° Bailleur de fonds avec subrogation formelle, Dur., Durand, Domat, Roll.-Vill., Douai, 21 nov. 46; Dard, Dall., Pers.; Paris, 22 fév. 56; Loyseau, Dasnage; — 4° Porteur de billets à ordre causés valeur prix d'office, Colmar, 30 nov. 50, et 29 mars 52; Metz, 26 janv. 51; venant en concurrence malgré les différences de dates, Paris, 23 fév. 51; — 5° La femme, pour raison de : — mobilier constitué en dot, et retrouvé aux mains du mari, ou dans sa succession, Montpellier, 26 juin 48; — prix d'office à elle dû personnellement par son mari titulaire, et par elle apporté en mariage, trib. Lyon, 26 janv. 48; — ce qu'elle a payé du prix d'un office comme solidairement obligée, Bordeaux, 20 mars 40; Paris, 3 juin 45; Bioche ; — 6° Tout subrogé, Bordeaux, 20 mars 40; ou tout cessionnaire du vendeur en vertu d'un transport conventionnel ou judiciaire.

Mais non pas en faveur du vendeur qui consent au paiement à un tiers du prix de la revente, Rouen, 5 juin 40.

Après cession ou vente de : — 1° Effets mobiliers corporels et incorporels, Bourges, 26 janv. 44; Delv., Fav., Dur., Taul.; Tropl., Pont, M. et V., Val.; Taillefer, Aub. et Rau, Mariou, Montpellier, 21 déc. 44; Toulouse, 14 déc. 50; non destinés au commerce, et devant être conservés, Tropl.; Mourl., Pont, Aix, 10 nov. 34; Paris, 5 av. 38; *Contrà* : Turin, 16 déc. 6; — 2° Droits successifs; — 3° Créance, Dur., Delv., Dev., Fav.; Tropl.; Cass. 28 nov. 27; *Contrà* : Paris, 18 mai 25; Pers., Mourl., garantie même par hypothèque, Limoges, 16 mai 40; — 4° Achalandage et fonds de commerce, Paris, 18 août 29, 8 fév. et 1er déc. 34, 8 juin et 3 août 37, 4 déc. 56; Cass., 2 janv. 38, 16 fév. 31; Toulouse, 14 déc. 50 et 12 juill. 51; trib.

Seine, 17 mai 67 ; Tropl., Dur., Delv., Fav., Dev., Pont ; *Contrà :*
Pers.; Paris, 26 nov. 33; même sorti des mains de l'acquéreur, quand
le vendeur a fait tout son possible pour conserver ses droits, trib.
Seine, 30 juil. 25; Brevet, achalandage et matériel d'imprimerie,
Rouen, 7 août 41; — 5° Titre, clientèle et office de notaire, Dur.,
Tropl., Taul., Delv., Fav., Val., Pont, M. et V., Dall.; Limoges,
4 fév. 35; Toulouse, 12 juil. 51; *Contrà :* Rouen, 29 déc. 47. Peu importe qu'il y ait eu ventilation du prix entre titre et clientèle, Paris,
8 juin 36; Dall., Bioche, ou que la vente n'ait pour objet que le titre
nu, Paris, 12 mai 35; *Contrà :* Rouen, 29 déc. 47; et quand même le
cessionnaire n'aurait pas l'âge voulu au moment du traité, Orléans,
31 janv. 46; — 6° Charge d'agréé, quoique non érigée en office,
Cass. 13 nov. et 14 déc. 47; Rouen, 23 juill. 46, — 7° Office d'huissier,
Paris, 12 mai 35; — 8° Office d'avoué, Paris, 8 juin 36; — 9° Clientèle d'agence ou bureau d'affaires, J. P., mais non le titre.

Ou même après : — 10° Suppression d'office spontanée par le
gouvernement, trib. Tarbes, 15 fév. 60; trib. Montbrison, 7 août 46 ;
Contrà : Rouen, 22 janv. 58; par suite de démission volontaire et
paiement de l'indemnité par la corporation, Rouen, 4 août 62; Cass.
11 av. 65; Nîmes, 13 mars 51; — 11° Vente par un titulaire à sa
corporation, trib. Mâcon, 7 juil. 58; Rouen, 23 janv. 58; Roll.-Vil.,
Chauv.; trib. Die, 30 mai 60; Cass. 24 janv. 59 et 11 av. 65; trib.
Montbrison, 7 août 46; trib. Tarbes, 15 fév. 60. — 12° Démission
forcée, si le gouvernement a laissé la valeur au titulaire, Besançon,
4 janv. 53; Cass. 30 août 54, 23 août 53; Nîmes, 13 mars 54;
Bourges, 12 et 21 mars 54; Aub. et Rau, Clerc, Eu.-Durand, Pont ;
si le gouvernement a attaché le caractère d'une véritable destitution
il n'y a plus de privilége, Dall.

Sur 1° A l'égard des offices. — I. Titre nu, clientèle, et aussi recouvrements si ce sont les mêmes que ceux du prédécesseur, Paris,
8 juin 36, Roll.-Vill.; *Contrà :* quant aux recouvrements, Dard,
Dev., Durand, surtout si la cession en est faite distinctement et sous
des conditions particulières, Paris, 23 mai 38. — II. Prix de la revente,
Aub. et Rau, Clerc, Deff. et Har., Taillefer, Mall., M. et V., Morin,
Dard, Tropl., Colmar, 12 mars 38; Toulouse, 12 fév. 40; Paris,
1er déc. 40, 8 fév. et 12 déc. 34, 28 janv., 25 fév. et 24 mai 54,
8 juin 36, 12 mai 35, 27 août 58 et 22 fév. 56; Bourges, 1er mars 44;
Amiens, 27 août 41; Rouen, 16 av. 30, 22 janv. 58; Cass. 24 janv. 59,
16 nov. 31, 16 fév. 31, 23 janv. 43, 20 janv. 57, 13 juin 53 (2 arr.),
14 déc. 47, 7 juil. 62, 8 août 60; Orléans, 3 juill. 47, 31 janv. 46,
12 mai 29; Metz, 26 janv. 54 (2 arr.); Lyon, 9 fév. 30; trib. Lyon,
26 janv. 48; Rennes, 25 juil. 47; Caen, 8 juil. 57; Sapey à la Ch.

dés dép. 18 sept. 30; *Contrà :* Nancy, 2 mars 50 (2 arr.); Pers., Rouen, 29 déc. 47, 16 av. 30; Bioche. — III. Même les prix de reventes successives, Pont, Val., M. et Y., Durand, Duv, Cass. 20 juin 60; Caen, 24 juin 39; Dall, Mourl., Moll., Brés.; trib. Seine, 4 juil. 51; trib. Cosne, 27 av. 47; Toulouse, 19 juil. 51; Lyon, 26 mai 58; Seine, 30 juil. 25; Paris, 26 av. 50, 23 mai 68; 21 fév. et 23 avr. 56.

Le privilége existe sans formalité pour le conserver, et la réserve dans le traité est même interdite, Circ. Proc. Gén. C. Paris, 27 sept. 48; Circ. min. Just. 28 juin 49. Cependant sont d'effet utile les oppositions, saisies-arrêts et actes conservatoires, Chauv., Harel ; Paris, 12 mai 35, 23 mai 38, 1er sept. 40, 26 avr. 50, 23 fév. 56; Bourges, 1er mars 44; Amiens, 27 août 44 ; Seine, 31 mars 43, et 6 octob. 55; Cass. 20 janv. 57; Angers, 20 juill. 43; Aub. et Rau ; soit par exemple avant transmission à la chambre de discipline, Merl., Bourges, 31 mai 26; déc. min. Just. 9 fév. 38; ou à la chancellerie, Bioche; soit avant l'échéance, Paris, 1er déc. 40, 26 avr. 50; Amiens, 27 avr. 44; Bourges, 1er mars 44; Bordeaux, 2 déc. 42. À défaut d'opposition, l'acquéreur peut faire, par anticipation, et de bonne foi, des paiements même avant sa nomination, Cass. 8 nov. 42, 16 janv. 49; Chauv., Caen, 24 juin 39; *Contrà :* Riom, 10 fév. 45; Angers, 12 août 40; trib. Marseille, 17 juill. 40; Montpellier, 18 juin 56. Un transport ne peut frapper que les sommes non saisies-arrêtées, Lyon, 11 juil. 57; trib. Seine, 31 mai 42; Paris, 28 janv. 54, 12 mai 25 ; Cass. 1er mars 59; eût-il eu lieu après la vente de l'office, Caen, 6 et 27 déc. 58; ou avant nomination, Paris, 13 mai et 26 juil. 43; trib. Seine, 9 juin 45; Cass. 15 janv. 45, 16 janv. 49; Caen, 11 déc. 55; Dard, Bioche; *Contrà :* trib. Seine 25 av. 43; Paris, 5 déc. 43; Bourges, 11 déc. 44; Bellet, Dév., ou dans l'acte même de cession, Toulouse, 10 déc. 45; avant la prestation de serment, Cass. 21 juin 64, 15 janv. 45, 16 janv. 49, 11 déc. 55 ; à moins d'opposition par le premier vendeur à la transmission du titre, Paris, 12 mai 35; Toulouse, 12 juil. 51; ou de destitution du cédant, ce qui rend impossible par le destitué un transport, trib. Rouen, 28 mai 41; Riom, 10 fév. 45; Angers, 18 juil. 53; Lyon, 18 fév. 47; même judiciaire, Cass. 8 déc. 52; *Contrà :* Lyon, 24 janv. 49; Paris, 26 juil. 43. La valeur d'un office peut même être cédée par le titulaire pendant son exercice, à la condition de bonne foi du cessionnaire et de nomination du successeur, Toulouse, 2 déc. 47; Cass. 18 janv. 49; Paris, 11 janv. 51;

— 2° Objets vendus encore en la possession du débiteur, C. N. 2102; les eût-il prêtés, confiés à un mandataire, dépositaire ou gagiste, Pont, Zach., Val., Mourl; *Contrà :* Tropl., et même vendus; mais alors sans livraison ou dessaisissement, Tropl., Delv., Pers., Gren., Dev., Rouen, 23 mai 11; l'identité étant toutefois constatée, Brol., Basn., Mourl., Val., Pont, Gren.; Rouen, 7 août 11, 13 janv. 24; et 28 fév. 29; Nancy, 28 déc. 29.

3° Objets mobiliers et ustensiles d'un fonds de commerce non remplacés; ceux nouveaux échappant au privilége, Paris, 26 nov. 33,

4° Indemnité accordée par suite d'expropriation pour cause d'utilité publique, à raison de la perte de la clientèle, trib. Seine, 17 mai 67.

5° Somme provenant d'une créance cédée, quand elle est encore aux mains de l'acquéreur, Cass. 28 nov. 27; Dur., Delv., Fav., Tropl.; *Contrà:* Paris, 1er mai 25; Pers., Mourl.

6° Objets mobiliers immobilisés par destination ou incorporation, avec faculté d'exiger le détachement, même en cas de faillite, à l'encontre des créanciers hypothécaires qui prétendraient aux augmentations de l'immeuble, Delv., Gren., Taillefer, Dall., Pers., Tropl.; Paris, 10 juill. 33, 21 mai 33 et 11 nov. 37; Dijon, 16 août 42; Caen, 1er août 37; Cass. 24 mai 42; C. cass. de Belgique, 11 fév. 48; Rouen, 29 nov. 37 et 22 mai 11; Dijon, 16 avr. 42; Bruxelles, 16 août 32, 11 janv. 12 et 9 mai 33; surtout si l'objet peut être rétabli dans sa nature primitive, Bruxelles, 19 mai 33; Gand, 24 mai 33; *Contrà:* trib. Louhans, 18 juin 12; Aub. et Rau, Pont; et, tout en accordant le privilége à l'encontre des créanciers chirographaires, Tropl., Aub. et Rau, Pont; Bruxelles, 16 août 32 et 16 fév. 48; Grenoble, 18 janv. 33; Paris, 6 avr. 36, 30 déc. 25, 24 nov. 45, 25 juill. 40; Rouen, 10 juill. 28; Lyon, 21 mars 39; Amiens, 6 fév. 39; Cass., 22 nov. 42, 9 juin 47, 18 mars 40, 22 janv. 33, 9 déc. 35; Liége, 13 déc. 34; — *mais non pas* sur marchandises proprement dites, Tarr., Gren., Pard., Tropl., Boul.-Paty; *Contrà:* Persil; destinées par l'acheteur à la circulation commerciale; — ni sur une chose dont la nature a changé, Tropl., Val., Gilb.; Ex.: blé converti en farine, Gren., Basn., Tropl.; — ni en faveur d'ouvriers sur les bois et planches employés à des constructions élevées par un locataire sur le terrain de son propriétaire, Paris, 30 déc. 25.

Perte du privilége *en cas de:*

1. *Novation:* conversion du prix en mise de fonds à titre d'associé, Lyon, 9 déc. 50; ou en effets, valeur reçue comptant, Bourges, 21 déc. 25, 6 mai 37; Cass. 16 janv. 28, et 28 juill. 23; Paris, 14 déc. 16; Gren., Delv., Pers., Dur., Bioche; *mais non:* Énonciation dans l'acte de paiement en billets et réserve de privilége, Cass. 3 mai 37, 16 août 20; Bordeaux, 4 juill. 32; Bioche; même sans cette réserve ou énonciation dans l'effet de valeur reçue comptant,

Toulouse, 22 fév. 40; Bioche; Nancy, 4 janv. 27; Merl., Pard., Tropl., Zach., Champ. et Rig., Coul.; Orléans, 6 sept. 42; Rouen, 4 janv. 25; Aix, 21 avr. 27; Paris, 12 mai 33, 20 juill. 31; Limoges; 4 fév. 35; Amiens, 1ᵉʳ sept. 38; Cass. 9 nov. 23, 4 janv. 25, 24 juill. 28, 23 juin 41. — Effets, valeur prix d'office, Cass. 19 août 11; Limoges, 4 fév. 35; fussent-ils passés à un tiers, Metz, 26 janv. 54; Colmar, 30 nov. 50, 29 mars 52; — affectation hypothécaire pour prêt, Orléans, 31 janv. 46; — compte ouvert d'opérations, Cass. 16 fév. 57; — constitution de dot à une femme, d'un prix d'office dû par son mari, trib. Lyon, 26 janv. 48; — Règlement en billets à ordre, ce règlement n'étant jamais que conditionnel et sauf encaissement, Metz, 27 août 52; Nîmes, 21 juill. 52.

2. *Démission* pure et simple, sans constatation par acte des conditions de la cession, la créance fût-elle établie par un jugement arbitral, Cass. 23 juin 48; C. pr. 1022; Dev.

3. *Faillite*, C. com. 550; L. 28 mai 38 *sur* 1° : Objet mobilier ordinaire, Paris, 16 janv. 43; malgré réserve par le vendeur d'atteindre ces effets partout où ils se trouveraient, Cass. 4 août 52; cependant, même entre commerçants, et en cas de faillite, il y a privilège sur les objets qui n'ont pas le caractère de marchandises, et qui ne sont pas destinés à la circulation commerciale, Paris, 5 déc. 33, 25 juin 31; Gand, 24 mai 33; — 2° Charge d'agent de change, Lyon, 9 déc. 50; à moins que le gouvernement n'autorise l'application du privilège, Dev., Moll., — 3°.... de courtier, Paris, 16 janv. 43; — 4° Office d'huissier, Paris, 25 févr. 60; — 5°..... de notaire, Bourges, 14 août 55; Cass. 20 janv. et 10 fév. 57, 23 août 53; Ren.; Béd., Aub. et Rau, Pont, Dur., Gouj. et Merg., Dev., Carr., Pard., Al., Dall.; Paris, 16 janv. 42, 25 fév. 60; Lyon, 9 déc. 50; *Contrà :* Esn.; Nîmes, 13 mars 51; trib. Bourges, 8 fév. 55; Chauv., Bioche, J.-N.; surtout si le traité est antérieur à la loi de 38; trib. com. Paris, 7 oct. 44; Paris, 3 juin 45, 22 fév. 56; la faillite fût-elle postérieure à la cession, Paris, 25 fév. 60; — 6° Cabinet d'agent d'affaires confondu avec un autre dont l'acquéreur était déjà possesseur, Paris, 17 juin 36.

4. *Transport* régulier et sans fraude, à un tiers de bonne foi, par un titulaire, du prix de son office, alors que le vendeur primitif n'est pas payé; d'où perte du privilège de ce dernier, trib. Seine, 6 juill. 44; Toulouse, 12 juill. 51; Lyon, 11 juillet 57; Cass. 1ᵉʳ mars 59; Paris, 27 août 58; *Contrà :* trib. Chaumont ou Mâcon, 7 juill. 58; trib. Sens, 28 août 57; lors même qu'au moment du transport, le nouveau titulaire n'aurait pas encore prêté serment, Cass. 21 juin 64;

Pau, 6 juill. 64 ; le cédant fût-il de mauvaise foi, Cass. 20 juin et
18 juill. 60.

    5. *Destitution ;* Sur l'indemnité fixée par le gouvernement, Cass.
7 juill. 47, 13 fév. 49, 26 mars 49 (2 arr.), 23 avr. 49. 8 déc. 52,
23 mars et 10 août 53 ; trib. Seine, 29 avr. 50 ; Nîmes, 17 fév. 52 ;
trib. Tours, 22 janv. 52 ; Paris, 3 fév., 9 mars et 28 août 52, 17 nov.
55, 26 fév. et 15 déc. 53, 10 janv. 35 ; Angers, 18 juill. 55 ; Toulouse, 7 déc. 55 ; Rouen, 28 mai 41, 29 déc. 47, 30 mai 57 ; Orléans,
2 juill. 52, 23 mars 53, 10 août 53 ; Bordeaux, 27 fév. et 5 mars 56,
12 janv. 57, 22 fév. 59 ; Riom, 1er déc. 57 ; confér. avec. Paris, 17 fév.
53 ; Agen, 23 mai 36 ; Pont, Aub. et Rau, Clerc, C.-Del., Eug. Dur.,
Contrà : Lyon, 1er mars 38 ; Bordeaux, 2 déc. 42 ; Paris, 3 juin 45, 11
déc. 34, 9 janv. 51 ; Rennes, 28 juill. 51 ; Duy., Genr., Ch. Ball., Mourl.,
Coul., Roll.-Vill., Dard, Mor., Pasc., Salv., Dall. ; trib. com. Paris,
7 oct. 44 ; Lyon, 24 janv. 49 ; trib. Seine, 31 mars 43, 19 déc. 51 ;
Caen, 16 juill. 46 ; trib. Orléans, 31 janv. 46, conf. avec. Paris,
17 fév. 53 ; Teul.-d'Auv. et Sulp., Chauv., Bellet. A moins que la
destitution ne survienne après le décès du titulaire, trib. Grenoble,
2 juill. 58 ; ou que l'indemnité à recevoir après la destitution ne
doive être, d'après le décret, payée *à qui de droit,* Bordeaux, 2 déc.
42 ; Paris, 11 déc. 34, 3 juin 45, 9 janv. 51, 12 mai 36.

Aubergiste, Hôtelier, C. N. 2102 et même, Dur., logeurs
en garni ; *mais non :* exploitants de mauvais lieux, cabaretiers ; ceux
qui donnent uniquement à boire et à manger, Dum., et Tropl.

    Pour raison, non de prêts et avances, Dur., mais seulement de
toutes les fournitures, même excessives, Pont ; *Contrà :* Dum.,
qu'embrasse l'industrie, faites au voyageur, pour lui et ses animaux, pendant la durée : — 1° du séjour actuel, et non d'un voyage
précédent, Rouen, 16 mess. an 8 ; Pers., Delv., Dur., Gren., Zach.,
Trop., Val., Massé, Seb. et Cart., Leroy, Dev., Pont, Dall. ; — 2° de
la location convenue en entrant, le séjour fût-il plus court, Paris,
1er fév. 67.

    Sur : effets du voyageur, C. N. 2102 ; tous objets animés ou inani-
més, transportés dans l'auberge au moment de l'installation, ou pendant le séjour, et s'y trouvant encore, Tropl., Pont, Delv., Gren.,
Pers., Merl. ; même ceux dont il ne serait que dépositaire, locataire,
ou détenteur précaire, Pers., Gren., Fav., Dur., Zach., Tropl.,
Val., Pont, Dall. ; *Contrà :* Colmar, 26 avr. 16 ; à moins que l'aubergiste n'ait connu le véritable propriétaire, Bruxelles, 12 juill. 6 ;
mêmes aut.

Excepté cependant les habillements, Roll.-Vill., Tropl., Gren.;
Parl. de Paris, 18 mars 1595.

Voiturier, commissionnaire chargeur par terre, eau
ou chemin de fer;

Et non pas : 1. Sous-traitant, Cass. 18 mai 31; — 2. Aide ou conducteur, louant à l'entrepreneur ses services, Nîmes, 12 août 13; ou
son outillage, Bordeaux, 16 mars 57; Pont, Aub. et Rau, M. et V.;
— 3. Un tiers qui aurait payé sans requérir subrogation, Pers.

Pour : frais de voiture et dépenses accessoires, C. N. 2102, ava-
rie, octroi, entrée, Pers., Dev., Roll.-Vill., occasionnés par le transport actuel, et non par ceux antérieurs, suivis de remise au destinataire ou à son préposé.

Mais non pour : transport des tabacs de la régie en faveur de l'entrepreneur de travaux de l'État, ou fournisseurs du service de la
guerre, Cass. 18 mai 31; ni droits de douane, alors surtout que le voiturier les porte en compte courant, Douai, 16 juin 58; Cass. 19 déc. 59.

Sur : 1° La chose transportée, C. N. 2102, encore en la possession
du voiturier, ou seulement déposée sur un port ou entrepôt commun,
en attendant la vente; ou même vendue et marquée du marteau de
l'acheteur, Cass. 13 av. 40; J.-P., Dur., Tropl., Vanhuffel; *Contrà :*
trib. Clamecy. — 2. Les objets d'une même traité transportés en
plusieurs voyages, Rouen, 3 janv. 63; Gouj. et Merg., Dom., Duverdy.

Et non sur : Marchandises que le voiturier est seulement com-
missionné de livrer en les prenant aux mains d'un tiers, Paris,
1er déc. 59; ou qu'il a remises au destinataire ou son préposé, ou à
un entrepositaire tenant à la disposition de ce dernier, Rouen, 5 juin 47,
23 mars 41; Cass. 13 av. 40, 13 fév. 49, 23 juill. 19, 18 mai 31;
Bourges, 13 déc. 17; Paris, 29 août 55, 8 mai 57; trib. com. Seine,
30 nov. 54; trib. com. Nîmes, 24 janv. 55; Tarr., Delv., Pers., Al.,
Merl., Dom., Béd., Martou, Zach., Roll.-Vill., Vanhuffel, Val.,
Malev., Massé, Pont, Dall., Monnier, Aub. et Rau, M. et V., Duverdy;
Contrà : Pardess., Dur., Tropl., Taul., Mourl., Gouj. et Merg., Dev.,
Cass. 9 av. 29; Paris, 2 août 9.

**Bailleur des fonds d'un cautionnement. — Répara-
tions civiles des prévarications et abus des fonctionnaires publics dans l'exercice de leurs fonctions**
C. N. 2102;

Au profit de :

En premier ordre, même sur les intérêts du cautionnement, Bordeaux, 25 av. 33; Cass. 6 janv. 40; tout créancier pour condamnation

à raison de l'exercice des fonctions, L, 25 niv. au 13, c'est-à-dire : 1° faits de charge, venant en concurrence entre eux, sans égard à la différence des abus, et la date des oppositions, Dur., Basn., Aud.; *Contrà* : Ann. du not., quoiqu'il n'y ait pas encore condamnation contre le titulaire, Limoges, 19 nov. 42; Bioche; sans être soumis à aucune prescription particulière pour la conservation du privilége, Paris, 4 juill. 28; Cass. 14 juill. 29; Limoges, 12 nov. 42; sans discussion préalable des biens du débiteur; Cass. 30 mars 31; av. C. Et., 23 août 34; et s'effectuant par une procédure immédiate, Cass. 4 fév. 23; Dur., Pont; — 2. dommages-intérêts, trib. Lisieux, 13 août 25; délib. Rég. 18 janv. 26; Gagn,

En deuxième ordre, mais avant tous autres, Rouen, 15 av. 6; Treilh.; bailleurs venant en concurrence entre eux, d'après Dict. des not.; ou selon la priorité des dates, Roll.-Vill., Dall.; des fonds du cautionnement, Déc. 28 août 8, et 22 déc. 12; L. 25 niv. an 13; — ou leur cessionnaire, Cass. 17 nov. 11; Paris, 4 mars 31; Bioche, Fav., Dard, J.-P., Roll.-Vill., trib. Seine, 5 déc. 50; — ou sous-cessionnaire, Lyon, 30 av. 52; Paris, 7 juin 51, 17 av. 45, 11 mars et 9 déc. 52; Rouen, 27 fév. 38; Dard, Fav., Favier-Coul., Rog., Bioche, Delah., Circ. ch. not. Paris, 20 nov. 18; *Contrà* : Bourges, 8 mars 44; Cass. 30 mai 38; Paris, 11 juil. 36.

D'autres créanciers peuvent faire des saisies-arrêts conservatoires sur le capital, Cass. 4 déc. 18 et 17 juil. 49; Bordeaux, 18 et 25 av. 33; Bourges, 14 juil. 51; ou réelles sur les intérêts, Grenoble, 15 fév. 23; Bordeaux, 18 et 25 av. 33; Bourges, 21 mars 47, 5 juin 52 et 14 juil. 51; Pers., Roll.-Vill., Dard, Bioche, Chauv., et même sur capital, Bourges, 21 mars 47; Rog., Dum., de Bell., le prêteur aurait il déposé sous son nom, Rouen, 13 janv. 55. — Un droit de propriété, d'abord accordé au bailleur de fonds, sous respect toutefois des faits de charge, Paris, 24 av. 34; Rouen, 15 av. 6; Treilh., a été repoussé avec raison, quoique le prêteur eût fait sous son nom le dépôt et la déclaration, Rouen, 13 janv. 55; Cass. 17 juil. 49; Aix... fév. 44; Paris, 9 nov. 52; Dict. des not.

Mais non au profit de : 1. prêteur des deniers du cautionnement d'un entrepreneur de travaux publics, quand la destination des deniers ne figure pas dans l'acte de prêt, Bordeaux, 23 janv. 49; — 2. prêteur postérieur pour une somme autre que celle déposée, Bourges, 8 mars 44; — 3. imprimeur, pour frais d'insertion et de placards dus par un avoué, Caen, 12 nov. 49; — 4. huissier pour frais de protêt, et signification dus par l'avoué agréé au tribunal de commerce, Caen, 12 nov. 49; ou d'actes à lui remis et préparés par l'avoué, trib. Seine,..... 58; Bioche.

Pour raison de :

— 1. Condamnations prononcées par suite de l'exercice des fonc-tions, L. 25 vent. an 11, art. 33; c'est-à-dire, faits de charge en fa-veur de l'État ou de particuliers, Pont, qui sont faits dommageables résultant d'actes ou d'omissions dont l'officier public s'est rendu cou-pable par lui-même ou par son clerc, commis ou préposé, Dard, non-seulement à l'occasion de ses fonctions, mais dans l'exercice légal et obligé même de ses fonctions; mais non lorsqu'il agit en une autre qualité, Roll.-Vill., Merl., Moll., Pont, Dard, Val., Nouv.-Denis, Dall., Douai, 20 mai 10; Lyon, 20 av. 52.

— 2. Intérêts de créances pour faits de charge, Paris, 11 juin 28; Cass. 14 juil. 29; Moll.

EXEMPLES DE FAITS DE CHARGE.

Agent de change. Paiement d'effets achetés pour les clients, ou diffé-rence du prix de revente à défaut de paiement, L. 27 prair., an 10; C. N. 1383; C. com. 85-86; Paris, 29 mai 10, 29 mars 16. — Défaut de livrai-son à son client, à un autre ag. de ch. ou au client de ce dernier, Paris, 29 mes. an 12, de titres étrangers ou français, Cass. 14 juin 29; Dard. — Défaut d'emploi, selon l'ordre reçu, d'arrérages perçus, Paris, 15 av. 33. — Détournement de somme remise pour opération, ou pro-venant de ventes et transferts, à moins que les sommes remises ne soient pour opérer à une autre bourse que celle où cet ag. de ch. est titulaire, Aix, 2 mars 58; Cass. 31 janv. 59; trib. Marseille, 28 août 57; Pont. — *Mais non :* Reports habituels pour un capitaliste, Cass. 10 mai 27. — Remise de fonds pour jouer à la bourse à profit commun, Arr. Cons. 29 germ. an 9; Paris, 16 nov. 11; surtout si cette opération a été confiée plutôt à l'homme individuel qu'à l'agent de change, Paris, 19 déc. 11.

Avoué. Défaut de restitution des arrérages recouvrés d'une rente, trib. Seine, 25 av. 39; Bioche. — Négligence de produire à une contribu-tion, d'où forclusion, Dard. — Négligence de signifier appel dans le délai. — Réclamation d'une somme excessive, Rennes, 19 déc. 16. — *Mais non :* Abus de sommes touchées comme curateur à succession vacante, Lyon, 30 av. 52. — Nullité d'exploit d'appel rédigé par avoué d'appel, Paris, 5 nov. 46; J. not.; *Contrà :* Lévesque. — Recette d'une créance par suite de poursuite sans mandat, Toulouse, 15 mai 44; Bioche; même avec mandat, Dard. — Défaut de paiement à un client, de sommes reçues pour lui, et pour lesquelles l'avoué aurait signé des billets, Toulouse, 15 mai 44; *Contrà :* Paris, 26 janv. 35.

Huissier. Encaissement et conservation du montant d'un titre exécutoire, trib. Epernay, 24 janv. 48; Cass. 14 mars 49; Denis., Aub. et Rau, Dard. — Défaut de cotisation à la bourse commune, trib.

Tours, 8 juil. 46 ; Bioche. — Perte de titres, Nouv.-Denis.; Parl. de Paris, 5 sept. 1747:

Notaire. Détournement de sommes remises pour frais d'actes à passer ultérieurement, Douai, 17 mai 50. — Défaut de remise ou consignation des fonds d'une vente judiciaire, Nimes, 12 juil. 52. — Placement de fonds par obligation entachée de nullité, Paris, 4 mai 31 ; Dard. — Fait de n'avoir pas payé les droits d'enregistrement avec des fonds remis, Seine, 26 av. 50. — Restitution de sommes destinées à un placement, et dont le notaire aurait fait une reconnaissance personnelle, Paris, 26 janv. 35; Metz, 22 juin 58; Bourges, 11 nov. 39; *Cóntrà :* Toulouse, 8 mai 52; Cass. 18 janv. 51. — Défaut d'emploi d'une somme laissée par suite d'emprunt, Cass. 6 mars 55; Douai, 29 juil. 51; trib. Arras, 30 déc. 53. — *Mais non :* Détournement de fonds remis pour un placement même convenu et arrêté, Bioche; Nimes, 13 fév. 51; Douai, 20 déc. 49; Cass. 19 av. 13, 18 nov. 31, 15 janv. 13, et 18 janv. 51 ; Paris, 6 janv. et 11 mai 32, 16 nov. 33, 15 nov. 53, et 15 av. 33; Rouen, 15 fév. 38 ; Toulouse, 19 mai 44; Mol., Loys., Fasn., Nouv.-Denis., Merl., Dard, Roll.-Vill. *Contrà :* Lyon, 3 et 20 fév. 30; Paris, 26 janv., 31 juil. 35, et 18 juil. 36; Toulouse, 8 mai 52; trib. Montauban, 9 mai 52; trib. Toulouse, 1er août 50; Douai, 29 mai 39; Cass. 31 juil. 17; Carnot. — Encaissement de prix d'immeubles dont la faillite du notaire rend la restitution impossible, Bourges, 6 mai 51. — Fait d'avoir laissé croire à l'existence d'actes de placement, Paris, 15 nov. 53; Bioche. — Encaissement de sommes sans remplir les volontés du mandant ou déposant, Lyon, 9 mai 51. — Mauvais placement, Paris, 11 mars 52. — Détournement d'un prix de vente encaissé en attendant purge, trib. Laon, 17 juil. 51; Rouen, 15 fév. 38. — ... de fonds empruntés par un entrepreneur à charge de payer fournisseurs, ouvriers, etc., Lyon 18 août 31; Cass. 10 fév. 32, 6 mars 55; Nancy, 9 déc. 59. — Prêts volontaires au notaire par ses clients, trib. Seine, 16 av. 50; Orléans, 22 juil. 13.

Directeur de mont-de-piété, L. 6 vent. an 13. Encaissement et détournement de fonds reçus pour son établissement, Cass. 23 janv. 59; Alger, 24 mai 58.

Percepteur de contributions directes, L. 6 vent. an 13. Créance pour fait relatif à ses fonctions, trib. Seine, 8 fév. 60.

Receveur général ou particulier, L. 6 vent. an 13. Faits résultant des opérations avec le trésor, les comptables ou contribuables, Grenoble, 3 janv. 13.

Commissaire-priseur. Détournement de prix d'objets mobiliers.

Avocat à la Cour de cassation. Omission de former un pourvoi.

Courtier de commerce. Perception du prix de marchandises qu'il était chargé de vendre, Paris, 14 mai 32.

Sur : 1. Capital du cautionnement, C. N. 2102; L. 25 niv. an 13; et les intérêts échus, 2102; Cass. 1er juin 14; 16 mars 21, et 4 fév. 22; Dall., Roll.-Vill., Limoges, 19 nov. 42; Instr. gén. 5 mars 38; même au cas de faillite, trib. Montauban, 26 fév. 51.

2. Les deux cautionnements d'un percepteur qui est aussi receveur municipal, ainsi que cautionnement supplémentaire exigé d'un comptable investi de nouvelle gestion, Cass. 5 déc. 43; Caen, 30 mai 37; Cons. Et. 13 oct. 9 et 3 déc. 23.

3. Prix de l'office d'un agent de change failli, mais avec l'autorisation du gouvernement, Dev., Mol.

Et non sur : 1. Prix de l'office, Bordeaux, 28 janv. 64; Pont, Boil., Mol., Cass., 30 mars 31; trib. Bordeaux, 28 août 63; Dict. not. *Contrà :* Dard, Roll.-Vill.

2. Indemnité à payer au gouvernement, Déc. min. fin. 31 août 29 et 7 déc. 35; Av. com. fin. 29 juil. 29; Masson; à moins que le gouvernement n'accorde expressément ce privilége, Ord. 21 mars 24, 4 août 26.

Crédit foncier, Déc. 28 fév. 9 av. 52, art. 30.

Pour annuités échues d'un prêt hypothécaire, et les frais.

Sur revenus et récoltes des immeubles grevés;

Pour être payés après conservation de la chose, labours, semences et impôts.

Porteurs d'obligations ou lettres de gage créées par le **Crédit foncier**, en représentation de prêts aux départements, communes et associations syndicales, L. 6-12 juil. 60; ou aux établissements religieux, de bienfaisance, ou autres reconnus d'utilité publique, L. 26-27 fév. 62.

Sur créances résultant de ces prêts, L. 60 et 62.

Porteurs d'obligations ou lettres de gage créées par le **Crédit foncier**, L. 28 fév.-9 av. 52; en représentation des prêts hypothécaires par lui faits.

Sur créances provenant de ces prêts, L. 6-12 juil. 60.

Crédit foncier pour **drainage**, L. 17-23 juil. 56; L. 28 mai 58.

En faveur de : — 1. Crédit foncier, *pour :* 1° Annuités échues, et celles courantes; — *sur* recettes et revenus des terrains drainés, —

immédiatement après contributions, ainsi que semences, et frais de récoltes de l'année ; — 2° Prêts ; — *sur* tous les terrains drainés, — avant tout autre.

2. Syndicats, *pour :* — 1° Taxe d'entretien, prêts et avances, — *sur* terrains drainés dans le périmètre du syndicat seulement, et *sur* chacun des immeubles personnellement ; — 2° Taxe d'entretien de l'année courante, et celle échue ; — *sur* récoltes et revenus.

3. *Prêteurs* pour remboursement des prêts faits aux syndicats ; — *sur* terrains drainés.

4. *Entrepreneurs, et leurs prêteurs de fonds* subrogés, dans les termes de l'art. 2103-5, C. N. ; *pour* travaux de drainage ; — *sur* terrains drainés.

A la charge : 1° de constater par P. V. l'état des terrains à drainer, leur périmètre, et leur valeur d'après les produits ; — 2° Par les entrepreneurs, de faire vérifier la valeur de leurs travaux, dans les deux mois de l'exécution ; — 3° lorsqu'il s'agit de prêt, de faire dresser P. V. par ingénieur ou homme de l'art commis par le Préfet, assisté d'un expert désigné par le juge de paix ; dans tous les autres cas l'expert est nommé par le juge de paix de la situation des biens ; — 4° Et de prendre inscription dans les deux mois de l'acte de prêt, pour le trésor et les prêteurs ; de l'arrêt qui les constitue, pour les syndics ; du P. V. d'état de lieux, pour les entrepreneurs.

Et sans préjudice au droit, par un créancier privilégié ou hypothécaire antérieur, de faire réduire le privilége du trésor, à la plus-value lors de la vente, résultant des travaux.

Le Trésor, *pour :* 1. Droits, doubles droits d'enregistrement, timbre, greffe, hypothèques, etc., à la charge des notaires, ou autres officiers publics, sur des actes de leur ministère, qu'il y ait ou non condamnation, Cass. 25 juil. 27, 7 mai 16 ; Dev., Loys., Dur., Basn., Pont, Cass. 26 mars 21 ; Toulouse, 8 mai 52 ; trib. Lisieux, 13 août 25 ; Délib. Rég. 18 janv. 26 ; Inst. Rég. n° 1229 ; Roll.-Vill., J.-P., Dall., *Contrà :* Champ. et Rig., trib. Seine, 16 av. 50 ; Chauv., Paris, 21 janv. 37 ; Pers., Tropl., Thom.-Desm.

2. Amendes, quoiqu'elles aient un caractère éminemment pénal, art. 3, L. 9 juin 19 ; Cass. 11 juin 11, 21 mars 21, 1er juin 14, 1 fév. 22, 25 juil. 27 ; Inst. Rég. 19 germ. an 13, 1er août 6, 8 mars 38 ; Merl., Rog., Pont, Roll.-Vill., Dur., Dall., Mass., Metz, 28 fév. 56 ; *Contrà :* Anc. Jur., Gren., Pers., Dard, Pard., Thom., Tropl., Let. min. just. 19 mars 8 ; Cass. 7 mai 16 ; Paris, 21 janv. 37 ; *mais non pas* amendes de condamnation pour crimes ou délits, Rennes, 2 nov. 56 ; trib. Yvetot, 2 mai 56 ; Cass. 11 août 57 (2. arr.), 3 sept. 56,

26 juil. 58 ; trib. Saint-Étienne, 25 juin 56 ; Rouen, 3 sept. 56 ; Paris, 21 janv. 37 ; Aub. et Rau, Gren., Thom., Dem., Pers., Dard, Tropl. ; *Contrà :* Metz, 28 fév. 56 ; Roll.-Vill., Masson, Pont, Interpr. L. 25 vent. an 11, et 25 niv. an 13.

Sur : Capital du cautionnement, L. 25 niv. 13 ; et les intérêts échus, Cass. 1er juin 14, 26 mars 21, 4 fév. 22 ; Dall., Roll.-Vill., Limoges, 19 nov. 42 ; Instr. Gén. 5 mars 38 ; même au cas de faillite, trib. Montauban, 26 fév. 51.

Et non sur : 1. Prix de l'office, Bordeaux, 28 janv. 64 ; Pont, Boil., Moll., Cass. 30 mars 31 ; trib. Bordeaux, 28 août 63 ; Dict. Not., *Contrà :* Dard, Roll.-Vill. .

2. Indemnité à payer au gouvernement, Déc. min. fin. 31 août 29, et 7 déc. 35 ; Av. comm. fin. 29 juil. 29 ; Masson ; à moins que le gouvernement n'accorde expressément ce privilége, Ord. 21 mars 24, et 4 août 26.

Ouvriers et fournisseurs au même rang et concurremment *non pas sur* cautionnement, Cass. 31 janv. 49 ; Bruxelles, 21 nov. 48 ; Bordeaux, 21 nov. 48 ; Pont, Aub. et Rau ; *Contrà :* Angers, 20 déc. 50 ; *ni sur* les biens des fournisseurs qui auraient même reçu au delà de leur dû, Cass. 3 mai 43 ; Dev. ; *mais seulement sur sommes dues* par l'État — soit à un adjudicataire de travaux publics, Déc. prov. 26 pluv. an 2 ; Déc. 8 nov. 10 ; Paris, 28 août 16 ; Poitiers, 16 mars 38 ; Lyon, 21 janv. 46 ; Cass. 12 déc. 31, 21 juil. 47 ; *Contrà :* quant aux simples ouvriers, Colmar, 31 déc. 44 ; — soit à un artiste statuaire, Cass. 20 août 62 ; Paris, 13 juil. 61 ; soit à un adjudicataire de travaux communaux entrepris en totalité ou en partie pour le compte de l'État, Paris, 27 août 53, 30 juil. 57 ; de travaux départementaux aux frais du département, Pont, Angers, 31 mars 52 ; *Contrà :* Bordeaux, 30 nov. 58 ; Cass. 9 août 59 ; Caen, 20 juin 59 ; Aub. et Rau, Perrin et Rendu. — Une simple subvention de l'État ne suffirait pas pour donner lieu au privilége, Cass. 12 août 62.

OUVRIERS ET FOURNISSEURS d'un constructeur, — *sur* le navire qu'il construit pour lui, et sur les sommes redues s'il le construit pour un tiers, Rouen, 31 mai 26.

OUVRIERS employés directement par le failli, et non ceux mis en œuvre par un entrepreneur ou sous-entrepreneur, Béd., Lain., Geoff., Al., Lar.-Sayss., Dev., Rouen, 10 nov. 60 ; Ren., pendant le mois précédant la déclaration de faillite, C. co. 549.

Peu importerait : — que les ouvriers et fournisseurs, fussent mis en œuvre par des sous-traitants, Cass. 17 juin 46 ; — que le privilége fût réclamé après réception des travaux, Cass. 21 mars 53 ;

Alger, 17 juil. 50; — qu'il y eût opposition de créanciers particuliers, Paris, 27 août 53, 31 juil. 57; trib. Seine, 14 août 56; — qu'il y eût faillite, Paris, 28 août 16; Bruxelles. 1er mars 43; *Contrà :* Poitiers, 16 mars 38; — qu'il fût dû aux ouvriers plus que le mois précédant la faillite, Caen, 14 janv. 56; — que les paiements antérieurement faits par le propriétaire ou l'entrepreneur principal fussent ou non constatés à date certaine, si ce n'est en cas de faillite, Dur., Tropl. Les sommes cédées antérieurement à l'instance ne peuvent être atteintes, Marc., Dur., Lyon, 21 janv. 46; Cass. 18 janv. 54; *Contrà :* Montpellier, 24 déc. 52; Paris, 27 août 53; Frémy-Ligneville.

Mais non pas : 1. Au préjudice d'une saisie-arrêt validée par jugement passé en force de chose jugée, si l'ouvrier n'a pas formé tierce opposition à ce jugement, Cass. 21 av. 44 et 21 mars 55; — 2. Ni lorsque les travaux sont pour le compte des communes ou de particuliers, Caen, 20 juin 59; Lyon, 21 janv. 46; Angers. 31 mars 52; Cass. 12 déc. 31, 18 janv. 54, 12 août 62 (2 arr.); Paris, 17 août 63; Montpellier, 22 août 50; trib. com. Autun, 22 août 44; *Contrà :* Cass. 21 juil. 47; Douai, 13 av. et 30 mars 33; ou d'une compagnie de chemin de fer, Aub. et Rau, Hérisson; Poitiers, 9 mars 59; Cass. 16 juil. 60; ou de la liste civile, Amiens, 3 juil. 62; cass., 18 déc. 60; *Contrà :* Paris, 11 mars 56; Rouen, 12 janv. 59; Seine, 15 mars 55.

Droit de mutation par décès, L. 22 frim. an 7.

Contre : 1. Syndic, en cas de faillite de l'héritier, Cass. 28 juil. 51; — 2. Créanciers de l'héritier, cessionnaires des biens à vendre en direction, Cass. 3 vent. an 12, — 3. Fermier libéré de ses fermages par paiement d'avance, ou compensation, Cass. 3 janv. 9; — 4. Usufruit légué insaisissable, J. E. 7970, trib. Seine, 8 mars 54, Garn.; — 5. Usufruit de rentes, Cass. 24 oct. 44; — 6. Usufruitier, pour se faire attribuer les revenus jusqu'à désintéressement, trib. Abbeville, 31 mai 53, même des droits sur la nue propriété, Cass. 18 déc. 11, 9 juin 13, 21 oct. 14 et 3 av. 66; trib. Calais, 11 août 63; Garn.

Mais non contre : Tiers acquéreur, ni usufruitier de biens dont le défunt avait la nue propriété, Cass. 21 juin 15; — arrérages de rente sur l'État, Garn., Délib. 8 mars 54;

Sans formalité de publicité ni inscription, trib. Clermont, 14 nov. 55; Demante, Tropl., Garn.

Sur : 1. *Seulement les revenus,* Cass. 3 janv. 9, 23 et 24 juin 57 (3 arr.), 8 mai 11, 9 vend. an 11, 2 déc. 62, 28 juil. 51; Bourges, 24 fév. 64; Délib. Rég. 4 et 11 août 48; Dall., Fav. de Langl., De-

mol., Garn., Roll.-Vill., Ed. Clerc., Gren., Fav., Pers., Serr., Gilb.,
Merl., Durieu, Gab.-Dem., Tropl., Aub. et Rau, Merville ; déc. min.
fin. 10 mai 19 ; Angers, 9 janv. 56 ; Lyon, 13 déc. 66 ; Seine, 2 av. 52,
et 6 janv. 54 ; Caen, 17 déc. 55 ; Amiens, 11 juin 53 ; Paris, 31 août
61 ; Dom..., août 56 ; trib. Seine, 9 mai 51 ; le cons. Laborie ; 1er av.
gén. de Marnas ; — même en cas de succession vacante, Paris,
25 mai 35 ; Cass., 3 déc. 39 ; trib. Gien, 13 mars 50 ; Dijon, 5 fév. 48 ;
Clermont-Ferrand, 11 nov. 55 ; *Contrà* : Amiens, 11 janv. 53 ; trib.
Château-Thierry, ... 52 ; — ... ou de succession bénéficiaire, trib.
Caen, 21 déc. 40 ; — ou de faillite, trib. comm. Seine, 16 mars 58 ;
Cass. 2 déc. 62, 21 fév. 61 ; — ou de vente de l'immeuble, les revenus
du prix se trouvant frappés du privilége, Seine, 21 mars 50, 1er fév. 57,
26 mars 58 ; trib. Lodève, 14 déc. 51 ; trib. Châteaudun, 15 déc. 51 ;
trib. Beaupréau, 15 juill. 56 ; trib. Cognac, 3 av. 57 ; trib. Castres,
4 av. 57, Laborie, Garn. ; *Contrà* : trib. Boulogne, 10 janv. 57 ; trib.
Saint-Amand, 3 juin 57 ; — et à l'encontre d'un tiers acquéreur, Déc.
min. fin. 25 niv. an 12, et 21 oct. 6 ; Instr. Rég. 5 vent. an 12,
11 mess. an 12, et 22 fév. 8 ; Cass. 29 av. 7 ; — à l'encontre de la faill-
lite de l'héritier, trib. Seine, 6 déc. 50, et 25 nov. 59 ; — ou quand
le droit de mutation a pris naissance après la déclaration de faillite, Bourges, 21 fév. 61 ; Cass. 2 déc. 62 ; trib. Orléans, 11 mars 60.
— Les revenus courus au décès ne sont pas soumis au privilége,
Lyon, 21 av. 63, 26 fév. 61, Garn., Demante. — L'ensemble des revenus garantit l'ensemble des droits sans spécialisation, Garn., Seine,
9 fév. 59 ; *contrà* : trib. Issoire, 13 janv. 56.

2. *Toutes les valeurs mobilières* de la succession ; — à l'encontre
des créanciers de l'héritier, trib. Arras, 23 juin 19 ; Cass. 28 juil. 51 ;
— ... ou même de la faillite, Limoges, 18 juin 8 ; Caen, 1er av. 16 ;
Rouen, 18 août 46 ; Paris 13 mars 55 (2. arr.), 3 mai 53, 12 nov. 55 ;
1er avoc., gén. de la Baume ; — même sur succession vacante, trib.
Nantes, 30 juil. 41 ; Seine, 27 août 42 ; trib. Castel-Sarrazin, 31 juil.
44 ; Bordeaux, 15 fév. 49 ; Caen, 1er av. 16 ; Rouen, 18 août 46 ; Paris,
25 mai 35.

3. *Tous les immeubles*, Déc. min. just. 23 niv. an 12 ; disc. de
M. Crétet au Cons. des cinq-cents, 17 brum. an 7 ; Cass. 7 pluv. an 4,
... flor. an 13, et 15 juill. 6 ; ins'r. 5 vent. an 12 ; — moyennant une
inscription, Cass. 3 déc. 39, 8 mai 11, et 28 juil. 51 ; Bordeaux,
15 fév. 49 ; trib. Castel-Sarrazin, 18 juin 11, 31 juil. 11 ; Paris,
25 mai 35, et 12 nov. 56 ; Caen, 1er av. 46 ; trib. Seine, 27 août 12,
6 déc. 50, 31 juil. 52 et 12 mai 53 ; Nantes, 30 juil. 41 ; Avranches,
10 av. 45 ; Bordeaux, 12 août 51 ; Perpignan, 12 janv. 53 ; Vitry-
le-François, 10 août 51 ; Arras, 23 juin 19 ; 1er avoc. gén., de la

Baume. — Mais après discussion préalable du mobilier, Nantes, 30 juil. 41.

Le privilége même sur les revenus, — qui est refusé absolument par : Orléans, 9 juin 60 ; Pont, Tarr., Merl., Dall., Amiens, 18 nov. 54 ; Angers, 26 déc. 55 ; Champ. et Rig., Mourl., Dev., Carr, ; — ne peut exercer à l'encontre des tiers détenteurs d'après : av. C. d'Ét. 4 et 21 sept. 10 ; Lettre min. 18 therm. an 9 ; instr. Rég. 29 oct. 10 ; Cass. 7 arr. de 1807, 4 et 15 av., 11 et 27 mai, 10, 20, 29 août, 8 mai et 20 août 11, 12 pluv. an 8, 9 mars 11, 21 juin 15, 9 mars 8, 17 oct. 20, et 28 janv. 28 ; Déc. Rég. 13 oct. 14 ; Amiens, 1ᵉʳ mars 25, 11 juin 53 ; trib. Compiègne, 26 août 24 ; — Ni des créanciers inscrits avant le décès, Déo. min. fin. 14 juil. 17, et 11 mai 19 ; instr. Rég. 29 oct. 10, 11 oct. 17, et 26 juin 28 ; Paris, 13 fruct. an 13 ; Cass. 6 mai 16, et 29 av. 17 ; Aub. et Rau, Pont, Fav., Merl., Tropl., Roll.-Vill., Trouill. Bilh., Mass., Dall., Champ.-Rig., Gilb., *Contrà :* Limoges, 18 juin 18 ; Colmar, 21 juil. 13 ; Paris, 15 mars 6 ; Délib. 21 oct. 6.

Sous-traitant, sauf les droits du gouvernement qui les posséderait de son propre chef, Cass. 10 mars 18 ; *et non pas* fournisseur, ou livrancier du sous-traitant qui a considéré ce dernier comme son obligé personnel, Metz, 2 juil. 17 ; Cass. 10 mars 18, 3 janv. 22 ; — ni le simple ouvrier, Colmar, 31 déc. 41.

A la charge de remettre, dans le délai de 6 mois, les titres de créance au commissaire ordonnateur, Déc. 12 déc. 6 ; ou à l'entrepreneur principal, Cass. 12 mars 22 ; et pourvu que l'administration ait approuvé le sous-traité, Duf.

Sur : 1. Sommes dues par l'État au traitant par suite de fournitures pour le service de la guerre, Déc. 12 juin et 12 déc. 6 ; ou de l'hôtel des Invalides, Paris, 26 mai 26 ; Cass. 20 fév. 28 ; — 2. Sommes dues pour causes autres que les fournitures faites par le sous-traitant, Cass. 10 mars 18, 12 mars 22, 20 fév. 28 ; Paris, 26 mai 26, 22 juin 16, 16 mars 66 ; *Contrà :* trib. Seine, 8 juin 61 ; même celles nées d'un premier traité étranger au sous-traitant, Cass. 20 fév. 28 ; — 3. Cautionnement du traitant principal, Angers, 20 déc. 50 ; — 4. Prix de vente restant dû d'un cautionnement immobilier, même après la mainlevée de l'inscription par l'État, Paris, 30 juil. 10 ; — 5. Portion de transports effectués pour l'entrepreneur, Angers, 19 juil. 13 ; Douai, 30 mars 33.

Commissionnaire.

Au profit de : 1. Commissionnaire en marchandises, C. co. 93.

— 2. Consignataire et bailleur de fonds, se trouvant dans les mêmes conditions que le commissionnaire, Nancy, 14 déc. 38; quoique non commerçant, Vinc., Delam. et Lep., Tropl., Massé; Cass. 23 av. 16, 6 mai 43; Colmar, 3 juil. 65; Bordeaux, 28 janv. 46; *Contrà :* Clamag., Poug. — 3. Le tiers qui a fait des avances au su du vendeur, Cass. 1er déc. 40; Pard., Trop., Delam. et Lep., Mass., Dall., Al., Dom.; ou à qui le commissionnaire a passé son connaissement par un endos, Cass. 16 déc. 46; Paris, 28 juin 47. — 4. Commissionnaire qui en rembourse un autre, d'où subbrogation légale, Cass. 7 déc. 26; Tropl. — 5. Commissionnaire payant pour son commettant les sommes dont il est lui-même tenu en sa qualité, d'où encore subrogation légale, *Contrà :* Cass. 19 déc. 59; Douai, 16 juin 58.

Et non pas : 1. Sous-commissionnaire, pour avances au commissionnaire principal, Bordeaux, 4 mars 31. — 2. Commissionnaire, sur marchandises déposées dans un magasin lui appartenant, mais loué au commettant, Cass. 28 mai 12; ou restées chez un tiers destinataire quoique le commissionnaire ait été chargé de les vendre, Cass. 6 nov. 27; ou consignées par une autre maison de commerce que celle pour laquelle il a fait les avances, Cass. 14 juil. 37. — 3. Négociant qui a avancé au commissionnaire sur connaissement, Rouen, 15 juin 25; ou sur marchandises emmagasinées chez un commerçant du lieu, Cass. 6 nov. 27.

Sur : Marchandises, ou plutôt sur le prix les représentant, C. co. 93; que la revente ait été faite par le commissionnaire, ou son commettant, Paris, 1er mars 32; et qu'elles appartiennent à un commettant, ou à un acquéreur, Rouen, 18 juil. 27. Le commissionnaire ayant toujours la faculté de faire ordonner sur requête la vente des marchandises, même au-dessous du taux indiqué, pour s'en appliquer le prix, Bruxelles, 15 juin 22; Colmar, 29 nov. 16; Nîmes, 25 nov. 50.

I. Déposées, consignées, expédiées, C. co. 95; L. 23 mai 63; par le seul fait d'expédition, dépôt, ou consignation. L'expédition eût-elle lieu directement, ou par un contre-ordre pendant le trajet, Douai, 2 av. 28, 29 nov. 43; Cass. 8 juin 29; quand même le commissionnaire ne serait pas chargé de les vendre, Mass., Cass. 6 mai 45; Bordeaux, 28 janv. 46; Aix, 25 août 31; Rouen, 29 nov. 38 et 20 avr. 10; Nancy, 14 déc. 38; *Contrà :* Rouen, 15 juin 25.

II. Expédiées, sur l'ordre du commissionnaire, aux colonies, sans être entrées dans ses magasins, Cass. 16 déc. 35, et 1er juil. 44; Bordeaux, 21 juil. 31; *Contrà :* Cass. 9 av. 29.

III. Mises et restées en la possession du commissionnaire, ou d'un

tiers convenu, C. co. 92 ; intervenant où non, Rouen, 14 juin 47 ;
Paris, 9 nov. 43 ; mais y consentant, Paris, 12 janv. 41 ; même par
S. S. P. non enregistré, Paris, 4 déc. 47 ; — ou de leurs agents, voi-
turiers, mandataires, ou à leur disposition dans leurs magasins, na-
vires, douane, ou dépôt public, C. co. 92 ; ou chez leur voiturier, Cass.
7 juin 25 ; Gênes, 12 juil. 43 ; — soit réellement, soit fictivement
(après toutefois expédition réelle, Cass. 28 juin 26) ; par : — 1. Réception de connaisssement, ou lettre de voiture, C. co. 92, 95, expédiés
même dans les 10 jours précédant la faillite, Bordeaux, 28 janv. 39 ;
Aix, 25 août 31 ; Rennes, 13 juin 18 ; Douai, 29 nov. 43 ; par un tiers
au nom du propriétaire véritable, Bruxelles, 25 août 21 ; au commissionnaire directement, ou passé à son ordre, Bruxelles, 13 nov. 18 ;
Rouen, 18 juill. 27, 29 nov. 38 ; Cass. 8 juin 29 (2 arr.), 17 août 59 ;
Aix, 25 août 31 ; Paris, 31 juill. 35, 1er déc. 60 ; Lyon, 10 janv. 26 ;
Douai, 29 nov. 43 ; Bordeaux, 5 av. 18 ; tous les aut. ; pourvu que
le connaissement, pour recevoir l'endos, ait été créé au porteur à
ordre, C. cass. Belgique, 4 juin 33 ; Cass. 28 janv. 26, 12 janv. 47,
26 janv. 48 ; Rouen, 15 juin 25, 29 nov. 38 ; Caen, 1er déc. 46,
Tropl. ; et que le passé à l'ordre enonce la date, le nom du passé, et
valeur fournie, C. co. 137 ; Cass. 1er mars 43, 25 juill. 49,
6 déc. 52 ; Amiens, 29 juill. 43 ; *Contrà* : Douai, 5 janv. 44 ; Delam.
et Lep., Massé, Al., Clam., Poug., et non pas valeur entendue, Cass.
30 janv. 50. Le fournissement de la valeur peut, du reste, se prouver,
Cass. 6 déc. 52. — 2. Et même, d'après jurisprudence antérieure à la
loi du 23 mai 63, par : Réception de bulletin de chargement, Cass.
31 juill. 44, 17 mars 45. — 3. Réception de lettre annonçant l'envoi
du connaissement, Rennes, 12 juin 40. — 4. Mention sur la lettre
de voiture, Cass. 18 janv. 60. — 5. Tout autre genre de preuve,
Douai, 17 mars 20 ; Poug. ; *Contrà* : Bruxelles, 15 mars 21 ; Lyon,
26 juill. 37. — 6. Même simple fait sans écrit, Nancy, 14 déc. 38 ;
Dev., *Contrà* : Dal. *Mais non pas :* — 1. Transfert en douane, Cass.
17 mai 47. — 2. Simple facture, Cass. 28 juin 26, 16 mai 45 ;
Poitiers, 21 juill. 42 ; *Contrà* : Tropl., Valin, Delam. et Lep., Harel,
Al., Colmar, 7 mars 42 ; Metz, 5 fév. 20 ; Toulouse, 8 mai 33 ; toute
autre pièce non revêtue des énonciations suffisantes et essentielles,
Cass. 12 fév. 50 (5 arr.), 13 nov. 50 (5 arr.) ; *Contrà* : Lyon, 23 juin 18.

Pour : — 1. Prêts, avances, paiement, faits soit avant réception
des marchandises, soit pendant la possession, C. co. 95 ; L. 23 mai 63 ;
et tous intérêts, frais et commission (*ibid.*) ; Enfin fournitures et valeurs quelconques devant profiter au commettant, et sorties des mains
du commissionnaire, sur la foi de la consignation, et en vue de la chose,
ayant eu pour objet des effets d'une nature différente de ceux qui

doivent être grévés du privilége, Bordeaux, 28 janv. 39; ou faits au commettant lui-même, ou, sur son ordre, à un tiers son associé en participation, Rouen, 20 av. 10; ou à un tiers qui a géré comme propriétaire, Bruxelles, 25 av. 21; sans les restreindre à celles relatives aux marchandises consignées, Pard., Dijon, 10 av. 13; Amiens, 6 janv. 38; Cass. 22 juill. 17, 22 nov. 25, 23 juin 30, 29 av. 33, 14 mars 55; Douai, 5 janv. 44; Tropl.; Delam. et Lep.; Grenoble, 20 août 52; Bruxelles, 15 mars 21. — 2. Avances de banque sur marchandises consignées, Cass. 23 juin 30; Rouen, 29 nov. 38. — 3. Transport, déchargement, emmagasinage, lavage de laine, etc., Cass. 22 juill. 17. — 4. Frets et droits de douane, Cass. 16 nov. 16; trib. Avesne, 25 mars 58; Contrà : Douai, 16 juin 58. — 5. Droits de magasin, assurance, salaires des commis et gens de service, Colmar, 2 mars 47. — 6. Avances simulant un prêt sur gage, Cass. 6 mai 15; Bordeaux, 28 juill. 16; Contrà : Poitiers, 21 juill. 42. — 7. Principal et intérêts d'une prime d'assurance de navire, Rouen, 5 mai 23. — 8. Remboursement à un acquéreur du prix des marchandises vendues par suite d'annulation de la vente, Douai, 2 av. 28; Cass. 28 juin 2f.

Même à l'c. ... ... : 1. D'un porteur de traites acceptées par le commissionnaire qui ne doit à celui-ci qu'un engagement personnel, Toulouse, 20 mars 30. — 2. Du vendeur du commettant, Gênes, 12 juill. 13; Bruxelles, 13 nov. 18; Rouen, 18 juill. 27, 29 nov. 38; Cass. 8 juin 29; Paris, 31 juill. 33; Douai, 29 nov. 43; Aix, 25 août 31; Bordeaux, 5 av. 48. — 3. D'une faillite, pour raison de marchandises reçues, et avances faites dans les 10 jours antérieurs au jour du report, Delam. et Lep., Tropl., Massé, Rennes, 13 juin 18; Rouen, 7 juill. 53; Aix, 25 août 31; Bordeaux, 28 janv. 39; Douai, 29 nov. 43; Tropl.; mais alors les avances antérieures aux 10 jours ne sont pas privilégiées, Rouen, 4 juin 42. — 4. Du propriétaire véritable au nom de qui un tiers avait expédié au commissionnaire, Bruxelles, 25 av. 21; Cass. 1ᵉʳ déc. 40; Tropl.

Et non pas : Pour avances faites sur des marchandises qui, contrairement à un avis reçu, auraient été expédiées par le vendeur à un autre, Cass. 7 déc. 29; Contrà : Nîmes.....; — ni, alors même qu'elles ne consistent que dans l'acceptation par le commissionnaire, de lettres de change tirées sur lui par le commettant, Cass. 14 mars 55; pour avances faites antérieurement : — 1. A la connaissance par le commissionnaire, de l'expédition, Aix, 14 janv. 31; Contrà : Tropl. — 2. A l'expédition ou à la consignation, Bordeaux, 22 juin 31; Rouen, 29 nov. 38; Nîmes, 7 juin 43; Douai, 29 nov. 43; Cass. 18 mars 45; Grenoble, 13 av. 48; Poug., Contrà : Domenget, Tropl., Cass. 23 av.

16.; Rouen, 4 juill. 42 ; Toulouse, 25 nov. 31. L'intention des parties fût-elle prouvée par une correspondance non suspecte, *Contrà :* Dijon, 10 av. 43. — 3. A la réception, et sur la remise d'une lettre de voiture ne renfermant pas les conditions prescrites, Cass. 13 nov. 50. — 4. A la remise au commissionnaire d'un connaissement daté même d'auparavant, Rouen, 29 nov. 38; Cass. 4 déc. 48; *Contrà :* Paris, 18 nov. 48.

Boulangerie.

Au profit des facteurs de la Halle de Paris, décr. 27 fév. 11; ord. 21 oct. 18; en 1er ordre *sur* produit du dépôt de garantie de chaque boulanger (15 sacs) ; *pour* farines livrées à la Halle sur constatation de l'inspecteur, ou toute autre justification authentique ; *et non en faveur* de la caisse de la boulangerie de Paris, pour avances aux boulangers conformément au décr. du 7 janv. 51 ; trib. com. Seine, 26 oct. 59.

Trésor public, L. 5 sep. 7 ; et de la Couronne, Av. Cons. Ét. 25 fév. 8 ; et *non* les établissements de bienfaisance, ni les communes, Paris, 21 déc. 39 ; Dur., Dall. ; *Contrà :* Durieu et Roche ; — Exerçant, en cas de faillite, par les voies civiles, et non celles commerciales, Cass. 9 mars 8 ;

Contre : 1. Comptables publics, c'est-à-dire receveurs généraux et particuliers, payeurs généraux, divisionnaires, de département, des ports et armées, trésoriers, receveurs, et payeurs du trésorier de la Couronne, L. 22 août 91; 1er germ. an 13; 5 sept. 7; Av. Cons. Ét. 25 fév. 8 ; justiciables, directement ou non, de la Cour des comptes, Dal., Pont. ; *Contrà :* Tropl., Tarr. ; — 2. Agent comptable des bâtiments civils en Algérie, Cass. 5 mars 55 ; — 3. Directeur de mont-de-piété, Cass. 25 janv. 59 ; Alger, 21 mai 58. — *Mais non :* percepteurs des contributions : simples collecteurs préposés des receveurs généraux, Colmar, 10 juin 20 ; décr. min. fin. 21 mars 9 ; Pont, — ni fournisseurs des armées, Cass. 3 mai 43, Paris, 4 fév. 51 ; Cass. 19 fév. 56; trib. Seine, 14 juill. 52; Gren., Tarr., Merl., Pers., Tropl., Dur. ; — ni les comptables de *matières*, tels que : agent manutentionnaire des vivres militaires, Paris, 4 fév. 51; Cass. 19 fév. 56.

Sur : 1. Fonds de cautionnement, ou des deux cautionnements d'un percepteur qui est aussi receveur municipal, ou cautionnement supplémentaire d'un comptable investi de nouvelles gestions, Cass. 5 déc. 43; Caen, 30 mai 37; Cons. Ét. 13 oct. 9, et 3 déc. 23; — 2. Effets mobiliers trouvés dans l'habitation du mari, à l'exception de ceux qui seraient justifiés par acte authentique, Pers., appartenir personnellement à la femme séparée, L. 5 sept. 7 ; même non séparée, Pers., Pont ; — 3. Immeubles, L. 5 sept. 7, subsidiairement, Cass. 22 août 36 ; acquis, à titre onéreux, depuis la nomination, par le comptable, ou sa femme, séparée ou non, à moins que cette dernière ne prouve, pour elle-même, et par acte authentique, Pers., J.-P., la possession des fonds employés, L. 5 sept. 7 ; et ceux provenant d'une libéralité avec charges, Cass. 5 mars 55 ; ou d'une acquisition après nomination, et avant entrée en fonctions, Tropl., Pers., Dall., Pont ; *Contrà :* Mourl., et non pas ceux acquis avant la nomination, et payés depuis, Dall., Pers., Tropl., Pont ; ni ceux acquis par autres que la femme, à moins que la fraude ne soit prouvée, Gren., Pers. ; Limoges, 22 juin 8 ; Dall., Trop., Pont. — *A charge* de prendre, dans les 2 mois de l'acte translatif, L. 1807, une inscription qui conserve tous les intérêts, même au-delà de ceux fixés par l'art. 2151 C. N., Cass. 12 mai 29.

Établissement public d'aliénés, L. 6 juill. 38, art. 31.
Contre le receveur comptable ;
Pour sûreté des deniers provenant de vente, ou autres remboursements faits pour les aliénés non interdits ;
Sur cautionnement ;
Par préférence aux créances de toute autre nature.

L'État, sur les biens d'un adjudicataire, par suite d'une adjudication administrative, C. N. 2098, L. 5 nov. 90 ; décr. 7 mars 93 ; non abrogés, Paris, 29 mars 30 ; *Contrà :* trib. de Sens.

Desséchement de marais, L. 16 sept. 7.
Au profit du concessionnaire ; — *Pour sûreté de* travaux ; — *Sur* plus-value des terrains desséchés ;
A charge de transcription de l'acte ou ordonnance de concession, au bureau de la situation des biens, sans renouvellement décennal, Proudh., Garn., Dall., ni assujettissement aux règles du droit commun sur l'inscription, Cass. 28 mars 51.

Mines, L. 21 avr. 10, art. 20.
En faveur de bailleurs de fonds, par acte public et sans fraude ;
Pour sommes prêtées à l'effet de : recherches de la mine ; travaux de construction ; confection de machines pour l'exploitation.

Frais et dépenses de démolition de mai n. pérée d'office, en matière de voirie ;

Sur matériaux des démolitions, et, subsidiairement, fonds et superficie du terrain, Décl. de 1729 et 1730, art. 9; Cons. Ét. 27 av. 18; Daub., Dav., Huss., Duf., Dall.; *Contrà :* Gil. et St.

Vendeur d'immeubles ou droits immobiliers par acte authentique ou S. S. P., tous les aut., Av. du C. d'Ét. 3 flor. an 13; Grenoble, 8 fév. 10; Cass. 6 juil. 7.

Pour raison de : 1° Prix non payé, C. N. 2103, en totalité, ou en partie, pourvu que l'acte de vente constate le défaut de paiement; Tarr., Pers., Fav., Gren., Pont; une contre-lettre étant sans effet à l'égard des tiers, mêmes aut., Dall.; quand même l'acte ne contiendrait pas de réserve de privilége, Agen, 27 nov. 12;— 2° Billets souscrits en paiement, Pard., Merl., Tropl., et causés vente d'immeubles, Cass. 15 mars 25, 4 déc. 23; Turin, 20 av. 13, et 3 mai 37; Pont, J.-P.; *Contrà :* Gren., Roll.-Vill., Domat. — 3° Prix converti en rente perpétuelle, Gren., Dall., Cass. 7 mars 11; Liége 18 janv. 12; Bruxelles, 3 juin 17. — 4° Rente viagère faisant totalité ou partie du prix, Orléans, 8 juil. 45; et tous arrérages échus, Cass. 20 av. 19.— 5° Tous les intérêts échus du prix, sans restriction, Fav., Dur., Zach. Tropl., Dall., Gilb., Fav. de Langl., Roll.-Vill., Dev., Mailh. de Chassat, J.-P., Pont, Cass. 5 mars 16, 1er mai 17, 16 mars 20, 9 juil. 31, 11 mai 63; Castel-Sarrazin, 22 juin 50; Bourges, 25 mai 27, 23 mai 29; Montpellier, 21 mars 22; Bordeaux, 23 av. 36; Paris, 7 déc. 31, 31 janv. 18; *Contrà :* Gren., Blond., Rod., Delv., Pers., Hua, Angers, 12 juil. 16; Rennes, 2 av. 14; Nîmes, 12 déc. 11; — 6° Les intérêts des intérêts, si ceux-ci en doivent produire par la convention ou une demande, Bourges, 23 mai 29; — 7° Charges, même éventuelles, imposées à l'acheteur, Cass. 12 juin 55. — 8° Frais et loyaux coûts de la vente et de la transcription, Lyon, 23 mars 65; Cass. 1er av. et 1er déc. 63; Metz, 21 déc. 59: Gren., Roll.-Vill., Toull., Taul., D.-N., Aub. et Rau, Mourl., Ed. Clerc, Dev., Trop., Pont, M. et V., Dall., J.-P.; Limoges, 9 janv. 11; Bordeaux, 6 janv. 44; trib. Seine, 7 juin 49; *Contrà :* quant au coût de la transcription, Caen, 7 juin 37; Colmar, 3 août 49; Pers., Dur., trib. Altkirck, 11 mars 57; Zach., Dev., Martou. — 9° Portion de prix applicable à l'usufruit vendu et frappant cet usufruit lui-même, et, après son extinction, l'immeuble, Cass. 16 av. 56; Paris, 18 juil. 55; Rig.

Mais non pour raison de : 1° Créance nouvelle résultant de la convention par laquelle le vendeur laisse le prix de vente entre les mains de l'acquéreur pour en jouir comme usufruitier, Bourges, 6 mars 55; Tropl., Dev. — 2° Supplément ou augmentation de prix résultant de convention particulière ou de décision arbitrale, Tropl., Pont,

Dall., Lyon, 3 av. 51; *Contrà :* Bordeaux, 23 av. 36; Dur., Den. — 3° Dommages-intérêts pour inexécution, Gren., Pers., Delv., Dur., Zach., Tropl., Pont, Roll.-Vill., J.-P., Dall., Bordeaux, 27 fév. 29; (V. toutefois Mourl.) — 4° Remboursement dû par la femme qui opère le retrait d'indivision, Dall., Cass. 14 nov. 51.

En faveur de :

1. Vendeur, C. N. 2103. — 2. Cédant d'une mitoyenneté ou d'une servitude, Dall., M. et V., Demol.; *Contrà :* Paris, 23 juil. 33 ; J.-P., Gilb., Cass. 17 fév. 64; — 3. Cédant d'un usufruit moyennant une rente viagère, Grenoble, 16 août 23; ou moyennant un prix ferme, Dur., J.-P. — 4. Cédant de droits successifs, quand les cessionnaires restent indivis, Cass. 7 août 55, 18 mai 58; Demol., Dall., Lyon, 29 juil. 53; Cass. 13 déc. 52; Montpellier, 9 juin 53; Rennes, 27 mai 17; Pers., Fl., Riv., Franc., Hug., Verd. — 5. Prêteur de fonds, C. N. 2108, 1250, subrogé par acte authentique, Pont, Dall., Delv., Gren., Pers., Fland. — 6. Créancier délégué et acceptant, Dall., Pont, Pers., Delv., Gren., C. N. 2112; *Contrà :* Pers., Bruxelles, 14 janv. 17; Bourges, 29 août 17. — 7. Acquéreur à réméré qui s'est réservé de faire vendre l'immeuble, et de se faire payer sur le prix, Cass. 2 déc. 18.

Mais non pas : 1° Créancier délégué non acceptant, Gren., Toull., Merl., Dur., Tropl., Pont, Dall., Limoges, 26 juin 20; Cass. 15 frim. an 12, 12 fév. 12, 22 av. 7, 21 fév. 10, 29 av. 43; Orléans, 23 déc. 61; Metz, 24 nov. 20; Agen, 27 juil. 16; — 2° Adjudicataire d'un immeuble qui réclame des dégradations commises à l'immeuble depuis les affiches, Paris, 2 janv. 10; — 3° Acquéreur évincé qui répète ses paiements, Liège, 8 déc. 31; Cass. 8 juil. 40; — 4° Vendeur d'une chose mobilière immobilisée par destination, Bruxelles, 16 août 32; — 5° Acquéreur à réméré quand il rend à son vendeur, tous les auteurs, Cass. 26 av. 27; — 6° Associé qui, mettant en société un immeuble, en reçoit la valeur en actions, Cass. 13 juil. 44.

Sur : 1° L'immeuble vendu, C. N. 2103, fût-il transformé; par ex : maison en jardin, Pers., Dur., Pont, Dall., J.-P. — 2° Les améliorations, C. N. 2133. — 3° Objets incorporés par le propriétaire pour l'exploitation du fonds, Cass. 13 juil. 67; Paris, 25 fév. 66.

Mais non pas : 1. Constructions, Lyon, 26 janv. 35; Paris, 18 janv. 37; Pont, J.-P.; malgré stipulation de l'acte, Paris, 6 mars 31; Gren., Trop. — 2. Cheptel existant lors de la vente, ou créé par l'acquéreur, Poitiers, 22 mars 18; Aub. et Rau. — 3. Contre-partie d'un immeuble dont une portion seulement a été vendue, Cass. 13 juil. 44; Pont, Dur., Pers., J.-P.

LE PRIVILÉGE DE VENDEUR SE CONSERVE :

1. *Sous le Code*, par la transcription du contrat, même S. S. P. Av., Cons. Et. 3 flor. an 13; Cass. 6 juill. 7; tous les aut., au bureau des hypothèques de la situation des biens, C. N. 2108; même sans inscription, Pers., Fav., Dall., Paris, 31 août 10, 31 mai 13; Cass. 5 mars 16, 1er mai 17, 21 mars 22, 12 juil. 21; Paris, 31 janv. 18; *Contrà :* Trop., Bruxelles, 16 av. 23, 15 oct. 22, 5 nov. 23; Cass. 27 av. 26; Toulouse, 23 mars 29; Rennes, 2 av. 14; Angers, 12 juil. 16.

— 2. Ou même seulement par l'inscription prise directement contre l'acquéreur, sans transcription; Fl., Delv., Merl., Gren., Gilb., Pers., Dev., Aub. et Rau, M. et V., Tropl., Mourl., Verd., J.-P., Rennes, 21 août 11; trib. Castel-Sarrazin, 22 juil. 50; Besançon, 15 juil. 12; Cass. 6 juil. 7, 7 mars 11, 26 janv. 13; Bruxelles, 2 fév. 31; *Contrà :* Pont, Cass. 12 juin 55.

— 3. *Sous la loi du 23 mars 55*, non applicable au cas d'expropriation pour cause d'utilité publique, Tropl., Bress., Riv., Hug., Cab., Gaut., Ducr., Aub. et Rau, Clerc, Dev., Delam., Peyronny; *Contrà :* Fl., Mourl., Verd., Delall., Jouss.; — par la transcription seule dans les 15 jours de la vente, nonobstant toute aliénation, affectation par l'acquéreur dans ce délai, ou faillite de ce dernier, Costard (Rev. prat.); *Contrà :* Mourl., Riv. et Hug., Tropl.; *et non pas seulement* par une inscription, Fl., Riv. et Hug., Mourl., Pont, Dall.; car elle n'aurait pas sa raison d'être si la vente n'avait pas d'effet contre les tiers, Dall., Pont. ni par mention de la vente en marge de la saisie, Cass. 14 déc. 61.

Toutefois, en même temps, Pers., Pont, Tropl., Dall., que la transcription, excepté au cas d'expropriation pour cause d'utilité publique, L. 3 mai 41, art. 16, 18; Cass. 13 janv. 47, 5 av. 54; Dijon, 5 août 53; Delalleau et Jousselin, Daffry de la Monnoye, Delamarre et Peyronny, le conservateur fait, d'office, inscription de la créance résultant de l'acte transcrit, C. N. 2108; le terme du paiement fût-il échu, Pers., Delv., Pont; à moins que le prix ne soit pas déterminé, Bruxelles, 17 mars 6; ou qu'il y ait dispense dans l'acte, trib. Montluçon, 27 janv. 65; Baudot, Boul., Pont, Contrôl. enreg., *Contrà :* Pers., Delv., et renonciation au privilége, Dall., Dijon, 17 juil. 39; Cass. 24 juin 41. Le conservateur doit mentionner cette inscription dans le certificat de transcription, trib. Mortagne, 13 août 42;

4. *Contre les tiers détenteurs* dont la prescription est de dix ou vingt ans, C. N. 2180, 2265, 2266, non par des renouvellements d'inscription, mais par un titre nouvel, Cass. 12 janv. 31, et 31 janv. 44; Colmar, 6 mars 30; Grenoble, 4 août 31; Rouen, 28 déc. 31; Orléans, 14 déc. 32; Bordeaux, 21 déc. 32, Trop., J.-P.; *Contrà :* Paris, 4 déc. 26,

4 mars 35, 20 janv. 26; Grenoble, 19 mars 29; Limoges, 21 août 11; Metz, 15 fév. 22; Cass. 22 fév. 31, 8 et 10 mai 32; Bourges, 11 janv. 39.

La transcription d'un 2ᵉ acquéreur ne conserve pas le privilége du 1ᵉʳ vendeur, malgré toutes énonciations suffisantes dans le second contrat. Fréminv., Fl., Dall., Dev., Pont, Aub. et Rau., M. et V., Pers., Dur., Gren., Delv., Tarr., Verd., Tropl., Bioche., Cass. 14 janv. 18, 7 mars 11, 13 déc. 13, 29 av. 45; Rouen, 30 mai 40; Montpellier, 9 juin 53; Paris, 9 déc. 11, 16 mars 16, 3 juil. 15, 30 nov. 60, 24 mars 17; Nîmes, 12 déc. 11; Poitiers, 13 mai 46; *Contrà* : Bruxelles, 3 juin 17.

L'INSCRIPTION EST-ELLE SOUMISE AU RENOUVELLEMENT DÉCENNAL ? — *Oui :* Av. Cons. Ét. 15 déc. 7 et 22 janv. 8; Liége, 9 mars 18, 29 déc. 23; Aix, 27 juil. 16, 25 août 64; Cass. 20 déc. 31, 27 av. 26, 18 juil. 25, 23 déc. 45, 2 déc. 63, 14 fév., et 7 mars 65; Bordeaux, 14 déc. 61; Rennes, 18 juin 28; Caen, 12 fév. 12; Toulouse, 23 mars 29; Bruxelles, 16 av. et 5 nov. 23, 15 oct. 22; Metz, 18 janv. 22; Orléans, 19 déc. 63; Paris, 30 nov. 60; Dur., M. et V., Dall., Fav., Tropl. — *Non :* Tant que l'acquéreur n'a pas aliéné, Paris, 24 mars 17, 7 déc. 31, 20 fév. 31, 8 mars 13; Agen, 5 mai 58; Lyon, 12 déc. 62; trib. Seine, 5 mars, et 9 fév. 31; Cass. 23 déc. 45; Bruxelles, 2 fév. 31; Toulouse, 19 fév. 23, 7 janv. 46; trib. Lyon, 20 mai 62, 13 juin 65; Poitiers, 18 juil. 64; Pont, Riv., Hug., Mourl., Fl., Franç., Les., Sell., Dall., Pers., Fav., Tropl., Verd., Clerc. Aub. et Rau, M. et V.

L'inscription ne peut être prise comme nouvelle, ni celle périmée ne peut plus être renouvelée après : 1. Revente transcrite, Cass. 7 mars 65; — 2. Faillite de l'acquéreur, Grenoble, 13 mars 58, 14 juil. 60; Cass. 16 juil. 18, 12 juil. 21, 2 déc. 23; Toulouse, 22 mars 26; Sell., Ed. Clerc., Hér., Les., Nancy, 6 août 59; Rouen, 10 juin 59; Dur., Par., Tropl., Mourl., *Contrà* : Paris, 20 mai 9; Tarr., Pers., J.-P., Metz, 25 juin 33; Gren., Zach. Cependant elle aurait effet à l'encontre de la masse chirographaire, malgré celle prise par le syndic en vertu de l'art. 490 C. co., Limoges, 26 juin 20; trib. Seine, 29 juil. 58, 21 mars 60; Grenoble, 24 mai 60; Audier. Elle aurait même effet à l'encontre de tous créanciers, si elle était prise avant celle du syndic, Riom, 1ᵉʳ juin 59; Riv. et Houyvet, Carrette; *Contrà* : Pont. — 3. Décès de l'acquéreur, et succession bénéficiaire, C. N. 2146, Toulouse, 2 mars 26; Nîmes, 23 juin 29; Cass. 16 juil. 18, 12 et 16 juil. 21; Tropl., Mourl., Sell., Ed. Clerc, Pers., Dur., Baud., Hér., Les., Grenoble, 13 mars 58, 14 juil. 60; Rouen, 10 juin 59; Bordeaux, 24 juin 26; *Contrà* : Besançon, 14 déc. 61; Gren., Pont. — 4. Succession vacante; *Contrà* : Besançon, 15 juil. 12.

Cohéritier et copartageant.

En faveur de : 1. Cohéritier, C. N. 2103, quand le partage s'effectue, et non avant, Agen, 6 août 52, Cass. 1 mai 60. — 2. Copartageant, C. N. 2109-1476, même par un partage provisionnel, Cass. 11 août 30 ; ou anticipé, Montpellier, 19 fév. 52 ; Besançon, 8 juin 57 ; Limoges, 8 janv. 47 ; Cass. 4 juin 49, 7 août 60 ; Grenoble, 8 janv. 51 ; Gren., Pers., Fav., Aub. et Rau, M. et V., Dur., Dall., Tropl., Roll.-Vill., Marc., Pont. — 3. Divisionnaire, Gren., Pers., Fav., Pont, Dall., Tropl. — 4. Cédant de droits successifs, lorsqu'il résulte cessation de l'indivision à l'égard de tous, Montpellier, 21 déc. 41 ; Bourges, 26 janv. 44 ; Cass. 6 mai 44, et 10 nov. 62 ; *Contrà :* Grenoble, 4 janv. 53 ; Toulouse, 14 déc. 50 ; Paris, 13 déc. 45 ; Montpellier, 27 janv. 51 ; Cass. 5 nov. 22, 29 mars 54 ; Demol., Pont, Dall. ; *Contrà :* Grenoble, 4 juin 53 ; Toulouse, 14 déc. 50 ; — à moins que les parties n'aient entendu et voulu faire une vente et non un partage, Cass. 25 juin 45 (2 arr.), 18 août 45, 29 juil. 57 ; Toulouse, 2 janv. 47 ; Lyon, 29 janv. 53 ; Montpellier, 19 déc. 55 ; 9 juin 53 ; *Contrà :* Dutruc., Demol.

Pour sûreté de : — 1. Soultes ou retours de lots, C. N. 2103. — 2. Intérêts de soultes jusqu'à l'échéance, Tropl., et même au delà, mais à titre de simple hyp. seulement, Pont. — 3. Garantie des partages, C. N. 2103, mais seulement quand la cause de l'éviction est antérieure au partage, C. N. 884-885. — 4. Garantie de l'éviction d'une créance, Pont, Dall. — 5. Rapports et restitution de fruits perçus pendant l'indivision, Riom, 14 fév. 28 ; Toulouse, 30 août 25 ; Cass. 11 août 30, 6 déc. 44 ; Domat, Poth., Leb., Roll.-Vill., Bel.-Jol., Dall., Zach., Dev., Taul., Tropl., Pont ; *Contrà :* Dur., Gren., Vaz., Aix, 12 juill. 26 ; Pau, 28 juil. 28 ; Grenoble, 21 juil. 26 ; Toulouse, 9 juin 24 ; ou après hypothèque conférée à des tiers, 3 juil. 22. — 6. Garantie de dettes acquittées par un copartageant, en l'acquit d'un autre qui en était chargé, Cass. 2 avr. 39 ; Dev., J.-P., Poth., Pers., Tropl., *Contrà :* Gren., Dur. ; pourvu que ce copartageant y ait été obligé, Toulouse, 15 janv. 41, Dev. — 7. Garantie, pendant 5 ans, de la solvabilité du débiteur d'une rente, Dur., J.-P., C. N. 806. — 8. Dettes payées par un mari pour les héritiers, chargés par le partage de communauté, Poth., Pers., Roll.-Vill., Tropl., Dev., *Contrà :* Dur., Gren. — 9. Garantie des contenances, n'y eût-il pas lésion de plus du quart, Vaz., Dev.

Mais non : — 1. Frais d'instance en partage non fait en justice, Limoges, 9 juil. 19. — 2. Condamnation contre un héritier en restitution de valeurs par lui détournées du partage, Agen, 22 déc. 46 ; J.-P., Dev. — 4. Préjudice causé par un héritier depuis l'ouverture de la succession, Orléans, 26 juil. 49; Dev. — 4. Dettes payées par le mari, en l'acquit de sa femme, Dev., Gren., Dur., Dall., *Contra* : Pers., Poth., Zach., Tropl., Pont. — 5. Garantie des droits héréditaires, Agen, 6 août 52.

Sur : Immeubles de la succession, C. N. 2103, et non pas seulement l'immeuble chargé de la soulte, motifs Riom, 14 fév. 28; Cass. 19 juil. 64; Caen, 10 fév. 51 ; Tarr., Merl., Marc , Dev., Roll.-Vill., Aub. et Rau, M. et V., Dur., Dall., Zach., Dev., Taul., Pers ; *Contra :* Hur., Delv., Pont; ce dernier ne reconnaît tous les immeubles grevés qu'au cas d'insolvabilité du chargé de la soulte lors du partage. — Mais seulement, quant aux copartageants non grevés, jusqu'à concurrence de la part virile, Interpr. C.N. 885, Pont, Dall., Caen, 10 fév. 51; Cass. 19 juil. 64 ; Dur., Marc., Demante, Aub. et Rau, Pont, Dutr., Demol., Roll.-Vill., Dev., Delv., Chab., M. et V.

A la charge d'inscription par le cohéritier, ou le copartageant, non-seulement pour la soulte, C. N. 2109, mais aussi pour la garantie du partage, Liége, 9 mars 18; Pau, 29 avr. 51; Aub. et Rau, Taul., Dall., Pont, Demol., Delv., Fl., M. et V., Cass. 12 juil. 53; *Contra :* Pers., Gren., Dur., Taul., Tropl., Pau, 29-avr. 51; savoir : Pour la garantie des lots, Cass. 12 juill. 53 ; Pers., Vaz., Gren., Tropl., *Contra :* Pau, 29 avr. 51 ; Delv., Dur., Liége, 9 mars 18; et pour la soulte, dans les 15 jours (celui de l'acte non compris), Tropl., Dev. ; soit du tirage au sort, Pont, Cass. 3 août 37, 23 juil. 39, 19 juin 49; Montpellier, 4 janv. 45 ; J.-P.; soit de la donation-partage entre-vifs, ou de son acceptation, ou, s'il s'agit de testament, du décès, Pers., Merl., Fl., Fav., M. et V., Dall., Tropl., Verd., Pont, J.-P., Montpellier, 19 fév. 53; ou du jour de la connaissance du testament, Aub. et Rau; — soit du partage, L. 23 mars 55; même s. s. p., Gren., Tropl., Roll.-Vil., Dev., Dur., Tarr., Dall., Fav., Pers., Pont, non encore enregistré, Tarr., Gren., Pers., Fav., Tropl., ou partiel, Cass. 23 juill. 39; Colmar, 3 août 49; Lyon, 29 déc. 35; Dev., Tropl., ou annulable comme sujet à ratification, Cass. 10 nov. 62; Aub. et Rau ; — sans attendre, ni l'époque à laquelle une clause de l'acte aurait reculé la prise d'inscription, Cass. 19 juin 49; ni le règlement d'un compte de société où doit entrer le bien licité, Lyon, 21 fév. 32; Dev. ; ni l'homologation, ou la liquidation totale ultérieure de la succession, Lyon, 23 janv. 66; y eût-il des mineurs ou des incapables, Dall., Bordeaux, 15 juin 31; Lyon, 21 févr. 32, 23 janv. 66; Agen, 6 fév. 52; Colmar, 3 août 49; Cass. 3 août 37, 23 juil. 39, 19 juin 49, 15 juin 42, 17 avr. et 17 nov. 51 ; Montpellier, 4 janv. 45; Fl., Verd., Aub. et Rau, Dall., Tropl., Riv., Dev., Aud.; Paris, 3 déc. 36, 7 févr. 33, 13 déc. 55; Lyon, 29 déc. 35; Bordeaux, 15 mars 33, 15 juin 31;

Contrà : Cass. 17 fév. 20, 11 août 30 ; Colmar, 17 mars 47 ; Pont, J.-P.
Cependant le délai de 60 jours, C. N. 2109, est encore celui exigé pour
la conservation du droit de préférence, Dall., Pont, Aub. et Rau, Verd.,
Vaz., Tropl., Pers., Gilb., Delv., Gren.; *Contrà :* Fons, Lemarcis,
Mourl., Riv., Hug.

Vendeur-colicitant, C. N. 2109.

Pour sûreté de : — 1. Prix de licitation, C. N. 2109, c'est-à-dire
la portion du prix afférente au colicitant-vendeur, Dall. ; mais,
en cas de revente sur folle enchère, le privilége est restreint au prix
inférieur de la revente, la différence n'étant garantie que par une
action personnelle, Rouen, 30 déc. 50 ; Pont. — 2. Toutes autres
causes rappelées ch. vente.

Sur immeuble licité, C. N. 2109, en totalité, sans divisibilité, Paris,
4 janv. 25.

Et non pas autres immeubles du lot de l'acquéreur, Pont, Dall.

A la charge d'inscription dans les 45 jours de la licitation,
L. 23 mars 55, sans attendre le résultat de la liquidation attributive
du prix, ni l'homologation, et malgré une minorité ou autre incapa-
cité, Bordeaux, 15 juin 31, 15 mars 33 ; Paris, 7 fév. 33, 3 déc.
36, 13 déc. 45 ; Cass. 17 nov. 51, 15 juin 42 ; Lyon, 21 fév. 32, 29
déc. 35 ; Colmar, 3 août 49 ; Agen, 6 fév. 52, J.-P., Tropl.; *Contrà :*
Pont, Cass. 17 fév. 20, août 30 ; Colmar, 17 mars 47, J.-P.

Échangiste.

Pour sûreté de soulte, Delv., Pers., Gren., Zach., Pont, Ducr., Dev.,
Dur., Taul., Trop., M. et V., Dall., Limoges, 23 août 60 ; Aub. et Rau,
Riv., Hug., Mourl., Fl., Cass. 11 mai 63 ; V. cep. Mourl., Turin,
10 juil. 13.

Mais non pour : Garantie de l'immeuble, Turin, 10 juil. 13 ; Cass.
26 juil. 52 ; Bordeaux, 6 avr. 65 ; Tropl., Dur., J.-P., Dall., Riv.,
Franc., Hug., Ducr., Fl., Dall., — ni sommes payées aux créanciers
de l'immeuble échangé, Cass. 26 juil. 52, 11 nov. 59 ; Pont, *Contrà :*
Poitiers, 1er mai 19 ; trib. Montmorillon, 24 nov. 47 ; — ni dommages-
intérêts pour privation de jouissance, Paris, 20 janv. 34 ; Pont, Tropl.,
Dur., J.-P.

Architecte, entrepreneur, maçon et autres ou-
vriers, C. N. 2103, qui auraient même accepté des conditions particulières quant au mode de paiement, Paris, 20 août 67 ; ou **acquéreur évincé** qui a payé l'architecte ou l'entrepreneur, Cass. 4 mai

8, 29 juil. 19, 11 nov. 24; Turin, 30 mai 10; Poth., Gren., Tarr., Batt., Tropl.

Mais non pas : 1. Sous-traitant, Pers., Roll.-Vill., Batt. — 2. Tiers détenteur, non architecte ou entrepreneur, qui aurait payé des réparations, ou des constructions pendant sa détention, Pont, Cass. 28 nov. 38; Tropl., J.-P., Cass. 8 juil. 40; *Contrà :* Pers., Dall., Mourl., Cass. 11 nov. 24; Amiens, 23 fév. 24. — 3. Locataire qui a fait des réparations et améliorations, Amiens, 24 fév. 23; à moins que le propriétaire, ou ses créanciers n'y aient éprouvé un réel avantage, Rennes, 3 janv. 21. — 4. Concessionnaire d'une entreprise pour raison de la plus-value provenant de ses travaux, Cass. 8 juil. 40. — 5. Vendeur de bois employés à la construction, Rennes, 2 juil. 19; Cass. 25 juil. 46; J.-P.

Sur : 1. Plus-value apportée aux bâtiments, canaux, et autres ouvrages quelconques édifiés, reconstruits et réparés, C. N. 2103, laquelle consiste dans la différence entre la valeur lors de l'adjudication, et la valeur au moment où les travaux ont été entrepris, Cass. 28 nov. 38; Bordeaux, 2 mai 26; Poth., Frémy, Tropl. — 2. Les revenus immobiliers, Cass. 22 juin 37; Tropl., Pers., Fav., J.-P., Tarr.; *Contrà :* Pig., Malev. — 3. La chose elle-même, si les réparations étaient nécessaires à sa conservation, Cass. 11 nov. 24; Pers., J.-P.; *Contrà :* Tropl.; quand même celui qui a fait faire les travaux serait un fol-enchérisseur dépossédé, Cass. 22 juin 37; ou un possesseur qui délaisse, Paris, 6 juil. 33; ou un usufruitier autorisé par le tribunal à faire de grosses réparations, Cass. 30 juil. 27.

Mais non sur : plus-value d'un immeuble dotal sur lequel la femme a fait construire, Toulouse, 26 fév. 55; *Contrà :* Paris, 11 av. 50; — ni un péage imposé sur la construction, Cass. 20 fév. 65.

Pour sûreté de : — 1. Travaux de conservation nécessaires; — 2. Travaux d'amélioration, faits par le fermier, Rennes, 3 janv. 21; — 3. Travaux de construction sur un immeuble aux mains d'un tiers détenteur par suite de délaissement, Cass. 11 nov. 24; Paris, 6 juil. 33; — 4. Impenses utiles et nécessaires sur prix total, Gren., Dur., Tropl., Pont; les impenses nécessaires étant toutefois préférées à celles utiles, L. brum. an 7; Tropl.; — 5. Impenses utiles sur plus-value, et impenses nécessaires sur prix total, Poth., Pers., Dev., Mourl., Dall., Cass. 11 nov. 24; Amiens, 23 fév. 21; — 6. Travaux sur un terrain nu, Tours, 11 juin 41; Paris, 25 nov. 43, 6 mars 34; 17 août 38; — 7. Reconstructions ou réparations, Bordeaux, 26 mars 34.

Le tout seulement jusqu'à concurrence de la plus-value, C. N. 2103, le surplus n'étant garanti que par une hypothèque, à la date de l'inscription du 4º, P.-V., Lepage, Gren., Frémy, Roll., Pers., Tropl.

Mais non : — 1. Extirpation de friche, plantation de vignoble, ouvrages réputés d'agriculture ordinaire, Tarr., Zach., J.-P., Mourl., Pont, Dall.; — 2. Plus-value amenée par d'autres causes que les travaux, Gren., Pers., Roll.-Vill., Delv., Pont, Dall.; V. cep. Mourl.; — 3. Travaux de recherches, exploitation de carrières, Metz, 7 fév. 66; — 4. Intérêts, Tropl., Frémy.

Les sommes payées pendant les travaux sont imputées : — 1º Proportionnellement sur toute la somme due, privilégiée ou non, Lep., Frémy, Roll.-Vill., Tropl., Gren., Dur., Dall.; — 2. Sur la dette privilégiée seulement, Pers.; — 3. Sur celle non privilégiée, Pont.

A la charge : des formalités suivantes, substantielles et obligatoires au cas de construction neuve, comme de reconstruction, quel que soit l'usage local, Bordeaux, 26 mars 34; Paris, 6 mars 34, 26 mars, et 9 janv. 36, 25 nov. 43; Rouen, 12 juin 41; Cass. 20 nov. 39, 1er mars 53, 11 juil. 55; Pont. — 1. P.-V. par expert nommé d'office par le trib. même à la requête seule du propriétaire, Metz, 7 fév. 66 ; Lep., Boil., Frémy-Lignev., d'état des lieux avant les travaux, et non pas après leur commencement, quand même l'urgence des travaux l'aurait rendu impossible avant, Paris, 26 mars 36; Cass. 20 nov. 39, 1er mars 53; Bordeaux, 26 mars 34 ; *Contrà :* Bordeaux, 2 mai 26; Paris, 6 mars 34, 17 août 38; Pers., Tropl., Pont, Dall., Dev. — 2. P.-V. de réception dans les six mois de l'achèvement, C. N. 2103, par un expert, le même nommé à nouveau, ou un autre, Dall., Pers., Pont, Frémy, Lep. ce P. V. fait foi jusqu'à inscription de faux, Paris, 9 déc. 35; Pont, J.-P. — Un P. V. tardif, qui n'assurerait même pas le privilége aux travaux qui l'ont suivi, Paris, 9 janv. 30, Cass. 1er mars 53, 20 nov. 39 ; Tropl., Massé, serait suffisant, si la constatation de l'état primitif pouvait être bien établie, Bordeaux, 2 mars 26 ; Paris, 5 mars 34, 17 août 38, 25 nov. 43, 20 août 67; Tropl., Dall., Pers., Pont. — 3. Inscription de ces 2 P.-V., C. N. 2102, ce qui s'entend de deux inscriptions prises lors de chacun d'eux, Paris, 22 août 37, avant le jugement déclaratif de la faillite du débiteur, Rouen, 12 juin 41; Limoges, 1er mars 47; Pont, Aub. et Rau ; quand même le second ne serait inscrit qu'après l'adjudication par suite de saisie, Lyon, 13 mars 30; Delv., Pers., Tropl.; *Contrà :* Tarr., Fav., Gren., Riv. et Hug., Fl.

Le tout pour avoir privilége à la date de l'inscription du 1er P.-V., C. N. 2110, sans quoi il n'y a pas priorité, Cass. 6 janv. 29, ni même simple hypothèque, Bordeaux, 26 mars 34. Le défaut d'inscription peut être opposé par les créanciers hypothécaires antérieurs aux travaux, Cass. 17 juil. 48; Dev., Aub. et Rau, M. et V., et même postérieurs aux travaux, Val., Pont, Hur.

Vendeur d'une machine immobilisée. Même privilège, et mêmes formalités que pour l'architecte, Lyon, 21 mars 39.

Prêteur de Fonds, pour acquitter les ouvriers, C. N. 2103, — ou un privilége sur immeubles, C. N. 1250, 2103, 2112. Ex : soulte de partage, Pont; paiement au vendeur qui a obtenu jugement de dépossession contre l'acquéreur, Rennes, 23 mai 27; Pont, J.-P.; — ou des créanciers inscrits sur immeubles saisis, en exécution de l'art. 687 C. pr., Pont; *Contrà :* Gren.

Mais non prêteur de fonds pour exercer un droit de réméré, Cass. 26 avr. 27. — Ni femme de l'acquéreur, les fonds fussent-ils fournis par elle, J.-P., Dur.; *Contrà :* Toulouse, 19 fév. 23; — ni prêteur de fonds pour réparations et améliorations faites à un immeuble d'une faillite, à la requête du syndic, Cass. 23 juin 62.

Pourvu : qu'il soit authentiquement constaté, par l'acte d'emprunt, la destination de la somme, et par la quittance, même séparée, Pont, Merl.; *Contrà :* Cass. 26 avr. 27; son emploi, C. N. 2103; peu importe qu'il s'agisse d'acquisition d'immeuble, ou autre cause, Dall.; l'intention de subroger n'ayant pas besoin d'être exprimée par la partie recevante, Dall.; Tarr., Zach., Mourl., Pont; ou que le titre du créancier à rembourser soit authentique, ou s. s. p., Pont; *Contrà :* Pers.

Séparation de patrimoines, C. N. 878, 879, 880, 881, 2111. *A la requête de :* 1° La masse, ou tel des créanciers de la succession, Chab., Delv., Delap., Vaz., M. et V., Dall.; — 2° Créancier de la succession, C. N. 1878, hypothécaire ou chirographaire, Domat., Toull., Gren., Dur., Delv., Chab., Merl.; Vaz., Fouët de Confl., Dufr., Pouj., Bel.-Jol., M. et V., fût-il héritier, Paris, 14 flor. an 11; Chab., Delv., Toull., Dur., Vaz., Gren., Duf., M. et V., Dall.; ou déjà créancier de l'héritier, débiteur principal, Domat, Chab., Delv., Dur., Vaz., Dall.; ou simplement caution, Vaz., Dall.; — 3° Caution qui a payé une dette du défunt, même depuis le décès, Dall.; — 4° Légataire, C. N. 2111; y eût-il contestation sur le testament, Gren., Dall.; le legs fût-il d'une somme d'argent, Agen, 11 juin 9; ou d'une rente viagère, Paris, 28 avr. 65; — 5° Créancier sur des biens soumis à un retour successoral, Doll.; — 6° Créancier d'un société, Cass. 11 mars 6, 18 octob. 14, 13 fév. 21, 13 fév. 55, 9 août 59; Paris, 10 déc. 14, 4 mars 40, 8 juil. 47; excepté quand il s'agit d'un société en participation, Doll., Cass. 19 mars 38, 15 juil. 46; Paris, 17 nov. 49, 19 av. 31; *Contrà* : Paris, 9 août 31 et 22 nov. 31.

Mais non pas ; — I. créancier de l'héritier, C. N. 881; peu importe que la créance, justifiée toutefois, Orléans, 12 déc. 48; Dall. soit conditionnelle, Grenoble, 21 juin 41; Doll.; ou non échue, Lyon, 24 juil. 35; Doll., ou exigible, ou soumise à une condition incertaine, Dall., Doll.; — II. Créancier du donateur, contre : 1° donataire étranger, Bordeaux, 3 août 32; Caen, 20 nov. 24; ou successible, Bordeaux, 14 juil. 36; Grenoble, 28 juil. 62; Doll.; — 2° héritier qui, comme donataire et acquéreur, réunit toute la succession, Grenoble, 9 mars 31; — III. ni les créanciers d'une communauté contre la part d'un conjoint décédé, dans cette communauté, Doll.; *Contrà* : Caen, 13 nov. 44; Bordeaux, 23 janv. 26 et 6 juil. 32;

Sans intérêt pour : — 1° Créancier hypothécaire, Cass. 30 nov. 47; Grenoble, 18 mars 54; Bourges, 16 nov. 53; Pau, 30 juin 30; Demol., Aub. et Rau, Zach., Dall.; *Contrà* : Pont; — 2° Créancier d'un absent, lorsqu'il n'y a encore qu'un envoi en possession provisoire, Doll.; — 3° Créancier à hypothèque légale, Pau, 30 juin 30 ; Dall.

Contre : 1° la masse, ou tel des créanciers de l'héritier ou légataire Chab., Delv., Delap., Vaz., M. et V., Dall.; — 2° Tout créancier, C. N. 878, — 3° L'héritier médiat ou immédiat, si les choses sont encore entières, Toulouse, 26 mai 29; en cas de créanciers connus ou non, Chab., Delv., Vaz., Fouet de Confl., Bel.-Jol., M. et V., Nancy, 14 fév. 33; Paris, 16 déc. 48; Dall.; *Contrà* : Dur., Aub. et Rau, Poitiers, 8 août 28; — 4° L'héritier seul, à défaut de créanciers connus, Nancy, 14 fév. 33 ; Paris, 31 juil. 52, 15 nov. 56; Fouet de Confl., Dufr., Roll.-Vill., Pouj., M. et V.; *Contrà* : Poitiers, 8 août 28; Dur., Aub. et Rau, Dur., Demol., Demante; — 5° L'héritier, que les créancier soient ou ne soient pas connus, Roll.-Vill., Pouj., Vaz., Duc., M. et V., Demol., Dall.; Paris, 22 av. 65 ; — 6° Cessionnaire de droits successifs, Dubr., Merl., Vaz., Chab., Gren., Toull., Zach., Roll.-Vill., Tropl., Malp., Marc., Doll., Dall., Lyon, 17 nov. 50, 21 janv. 51; *Contrà* : Delv., Dur., M. et V.; — 7° Légataire universel saisi, Doll.;—8° Héritier ou légataire universel de l'héritier, Paris, 16 déc. 48; — 9° Cessionnaire de l'héritier, Lyon, 17 nov. 50; *Contrà* : Demol., Aubry et Rau. — *Sans opposition possible* par l'héritier, Bordeaux, 11 déc. 31; ni même intervention, Dall.; *Contrà* : M. et V.

CAS DE DÉCHÉANCE : reconnaissance ou acceptation de l'héritier pour débiteur, d'où novation, C. N. 879; y eût-il réserve de tous les anciens droits, Grenoble, 14 janv. 24; C. N. 1275; résultant de faits à l'appréciation des juges, Cass. 19 juin 32, 22 juin 41, 3 fév. 57, et notamment de : — 1. Volonté expresse, ou intention tacite, C. N. 2273; Cass. 7 déc. 44; Dall.; — 2. Inscription contre l'héritier, Liége, 13 mars 11; — 3. Engagement d'un tiers, Doll.; — 4. Gage, caution ou antichrèse, même insuffisante, conférée au créancier, Chab., Delv., Dur., Malv., Gren., M. et V., Bordeaux, 10 avr. 45; Cass. 3 fév. 57; — 5. Hypothèque conférée, et conversion de la dette en rente, Cass. 7 déc. 44, 9 janv. 42; — 6. Modification au titre constitutif, Dall.; — 7. Vente des biens de la succession, et de ceux de l'héritier, ensemble pour un même prix, en présence, et sans réclamation des créanciers, Cass. 25 mai 42, 9 mars 31; Riom, 3 août 26; Montpellier, 6 juil. 30; Grenoble, 7 fév. 27; à moins d'une ventilation facile, Grenoble, 30 août 31, 18 mars 54. — *Mais non de :* 1. Acceptation par le créancier de billets non payés, et renouvelés, Nîmes, 21 juill. 52; — 2. Acceptation de délégation qui ne décharge pas l'héritier, Vaz.; *Contrà :* Dur.; — 3. Poursuites contre l'héritier cautionné par le défunt, Cass. 23 juin 44; — 4. Arrêté de compte avec toutes réserves, Grenoble, 10 av. 24; — 5. Poursuites contre les héritiers tendant à faire reconnaître la dette, Nîmes, 5 mars 55; — 6. Cession de droits successifs à un cohéritier, à charge de payer au cédant la dot à lui constituée par son père, Cass. 30 janv. 34; — 7. Recette d'intérêt versé par l'héritier et d'à-compte sur le prix, Cass. 12 mai 42; Paris, 14 flor. an 11, 1er niv. an 13; Grenoble, 21 juin 44; *Contrà :* Despeissès; — 8. Production à la faillite de l'héritier, du titre contre le défunt, Paris, 23 mars 24.

Sur : 1. — 1° MEUBLES corporels et incorporels de la succession; si ce sont les seules valeurs, le demandeur ne peut exiger ni caution, ni garantie hypothécaire, Paris, 34 juill. 52; *Contrà :* Demol.; — 2° créances, Cass. 9 déc. 23, Dall.; même contre l'héritier, Doll.; — 3° argent qui a servi à payer les dettes de la succession, d'où subrogation aux droits des créancier remboursés, Nîmes, 21 juill. 52; — 4° fruits postérieurs à la demande, Gren., Dall.; Caen, 26 av. 42; — 5° fruits antérieurs confondus, Aub. et Rau, Dufr., Zach., M. et V., Demol.; *Contrà :* Doll.; — 6° fruits aux mains des héritiers, ou consignés, Caen, 26 fév. 49. *Délai :* dans trois ans, C. N. 880, du jour de l'ouverture, Gren., Chab., Delv., Dur., Vaz., Malp., Rol.-Vill., M. et V., Cass. 9 av. 10, Dall.; ou seulement du jour de l'adition d'hérédité, Aub. et Rau. *Obstacles :* — 1° droits dont les créanciers de l'héritier, ou du tiers sont légament saisis, Cass. 28 av. 40; 2° confusion de meubles non inventoriés, Cass. 8 nov. 15; pourvu qu'elle soit générale, Cass. 8 nov. 15; Fav., Delv., Dur., Toull., Chab., Gren., Pouj., Duf., Zach., Marc., Rol.-Vill.; *Contrà :* Vaz. Il y a confusion si un seul des deux patrimoines est inventorié, Cass.

14 août 20 ; mais non pas si l'un des patrimoines est sous scellé, en
sequestre, ou en dépôt, Delv., Dur., Dall. Si la confusion n'est que
partielle, la demande s'appliquera aux biens non confondus, Cass.
8 nov. 15 ; Fav.

II. — 1° IMMEUBLES de la succession ; — 2° biens reçus en échange,
Nîmes, 21 juill. 52 ; Gren., Vaz., Doll., M. et V., Aubry et Rau, Demol., Roll.-Vill., Zach., *Contrà :* Dubr. ; — 3° droit de réméré,
Doll. ; *Contrà :* Gren., Roll.-Vill. ; — 4° prix représentant un immeuble vendu depuis le décès, Delv., Dur., Toull., Chab., Delap.,
Vaz., Gren., Merl., Tropl., Malp., Marc., Dub., M. et V. ; Rouen,
14 germ. an 11 ; Grenoble, 7 fév. 27 ; Cass. 22 juin 41, 26 juin et
26 juill. 28, 7 août 60 ; Amiens, 21 juill. 52 ; Dall., Doll. ; *Contrà :*
Caen, 20 août 21 ; pourvu qu'il n'ait pas été payé, Cass. 27 juill.
13, 26 juin 28, 7 août 60 , 16 juill. 28 ; Toulouse, 3 mars 41 ;
Paris, 29 août 11 ; Nîmes, 21 juill. 52 ; Caen, 9 fév. 60 ; Poitiers,
28 janv. 23 ; Besançon, 2 mai 60 ; Vaz., Zach., Malp., Marc., Tropl.,
M. et V., Doll., Demol., Pont, Demante, Aub. et Rau, Leb. ; Merl.,
Toull., Chab., Delv., Gren., Dur., Dub. ; *mais non* biens rapportés,
Chab., Dur., Delv., Merl., Gren., Pouj., Marc., M. et V., Doll., Dall.,
Poth., Leb., Dub., Dufr., Zach. ; *Contrà :* Delap. *Délai :* tant qu'ils
existent dans la main de l'héritier, C. N. 880 ; *obstacles :* 1. Prescription trentenaire, Vaz. ; Lyon, 26 mai 27 ; Cass. 3 mars 35 ; Toulouse, 26 mai 29 ; Toull., Vaz., Zach., Confl. ; même à l'égard des
immeubles convertis en prix depuis le décès, Delv., Vaz., M. et V.,
Dall. ; Nîmes, 27 janv. 40 ; Cass. 22 juin 41 ; Delv., Vaz., Grenoble, 30 août 31 ; *Contrà :* Dur., Delap. ; — 2. Prescription ac-
quisitive ou extinctive d'un tiers, Doll. ; — 3. Aliénation dont le
prix a été compensé avec l'acquéreur, Grenoble, 21 av. 23 ; Duf.,
Vaz. ; — 4. Changement notable des biens qui nécessiterait instruc-
tion pour reconnaître l'état primitif, Grenoble, 18 août 28 ; — 5. Vente
en justice, en présence et sans opposition des créanciers, des biens du
défunt et de l'héritier, pour un même prix, Grenoble, 7 fév. 27 ; Riom,
3 août 26 ; — 6. Interdiction imposée au légataire, Angers, 22 nov.
50 ; *mais non pas :* 1. Affectation hypothécaire, ou nautissement,
Domat, Toull., Dall. ; — 2. Aliénation fruduleuse, Domat, Lebr.,
Chab., Toull., Delap., M. et V., Doll. ; — 3. Vente et perception du
prix si l'acquéreur n'a pas rempli les formalités de l'art. 2183, Nîmes,
10 fév. 29 ; — 4. Vente simultanée des biens des deux patrimoines,
quand on peut discerner, Grenoble, 30 août 31, 18 mars 54 ; Gren.,
Bel.-Jol., Zach., Aub. et Rau, Dub. ; — 5. Vente simultanée des
deux patrimoines sans division des prix... ; *Contrà :* Cass. 25 mai 12 ;
— 6. Vente de droits successifs, Lyon, 17 nov. 50 ; Vaz. ; *Contrà :*

Delv., Demol., Aub. et. Rau ; — 7. Faillite de l'héritier même dans les 10 jours, Paris, 23 mars 24 ; Tropl., Frémin. ; — 8. Inscription prise par quelques-uns des légataires ou créanciers, conformément aux art. 878, 1017, 2111 C. N. ; Bordeaux, 26 avril 64 ; Aub. et Rau, Demol.

 Formalités : *demande expresse*, Chab., Merl., Gren., Dall., Toull., Delv., Dur., Vaz., Tropl., M. et V. ; *Contrà :* Doll. ; *et spécialement, quant aux immeubles*, avant ou après la demande, Tarr., Dur., Dubr., Tropl., Vaz., Confl., Bel.-Jol., Zach., Aub. et Rau, Cabant., Duf., Gouj., Demol., M. et V., Baud., Frémin. ; Poitiers, 8 août, 28 ; Colmar, 3 mars 34 ; Nîmes, 19 fév. 29 ; Besançon, 2 mai 60 ; *Contrà :* Merl., Gren., Chab., Toull., Batt. ; *inscription* dans les six mois de l'ouverture de la succession, C. N. 2111, sans aucune remise, Bordeaux, 24 juin 36 ; quand même un testament transcrit ordonnerait de vendre pour l'acquit des dettes, Cass. 5 mai 30 ; quand même existerait une donation de tous biens par le défunt à ses enfants, Bordeaux, 10 avr. 45 ; et quand même ce délai de six mois expirerait après transcription de vente par l'héritier, Colmar, 3 mars 34 ; Delv., Gren., Tropl., M. et V., Dall., Toull., Pont ; Malp., Dub., Vaz., Pouj., Duf., Bel.-Jol., Zach., Frémin., Baud., Gilb., *Contrà :* Marc., Dur., ou après faillite de l'héritier, Paris, 23 mars 24 ; Tropl., Frémin. Cass. 22 juin 41 ; ou seulement cessation de paiement, Grenoble, 21 juin 41 ; —*sur chacun des biens*, C. N. 2111, avec détail, Lyon, 24 déc. 62 ; Dur., Bel.-Jol., Duf., Aub. et Rau., M. et V., Zach., Doll. ; ou même sans détail, et sur *tous* les biens, Nîmes, 19 fév. 29 ; Fouët de Confl., Dall.; —en vertu l'un titre de créance, même s. s. p., Delv., Dur., Zach., Bel.-Jol., Duf., Vaz., M. et V. ; Orléans, 22 août 40 ; Doll.; ou, à défaut de titre écrit, une ordonnance, Dur., Pouj ; ou même d'une simple affirmation de créance, Dall., Vaz.; la créance étant toutefois justifiée, Orléans, 12 déc. 48 ; Dall.

La demande n'en n'est pas moins valable si l'inscription est annulée, Cass. 22 juin 41 ; ou formée après les six mois, Poitiers, 28 janv. 23. Le défaut d'inscription entraine la perte du privilége, quoique l'empêchement résulte d'une force majeure, Bordeaux, 24 juin 36 ; mais conserve priorité sur créanciers hypothécaires postérieurs, et sur créanciers chirographaires, Arg. C. N. 2113, Dall. ; Paris, 23 mars 24 ; Riom, 30 août 52 ; Poitiers, 28 janv. 23.

L'inscription spéciale n'est pas nécessaire pour le créancier hypothécaire antérieur au décès, Bordeaux, 2 juill. 46 ; Cass. 30 nov. 47 ; *Contrà :* Demol., Aub. et Rau, Pont.

Les formalités sont : régies par la loi en vigueur à l'ouverture de la succession, Cass. 8 nov. 15, 17 av. 27, 3 mars 35 ; Toulouse,

26 août 13; Caen, 20 août 24, 2 déc. 26; Bordeaux, 8 fév. 28, 14 juil. 36; *Contrà :* Lyon, 13 mars 41; Toulouse, 26 mai 29; — portées devant le tribunal du domicile de l'héritier, Paris, 26 juin 41; — et même proposables pour la première fois en appel, Cass. 8 nov. 15, 17 oct. 9; Caen, 20 août 21; Toulouse, 3 mars 41; Bordeaux, 26 av. 61; Orléans, 15 juin 61.

EFFETS A L'ÉGARD DE :

1° — *Créanciers de la succession.* — Sont séparés des créanciers de l'héritier, et leur sont préférés sur les biens de la succession ; cependant si quelques-uns d'eux n'ont pris inscription que tardivement, et après ceux de l'héritier, ils ne viennent que concurremment avec ces derniers. La part privilégiée qu'ils auraient eue ne profite qu'aux créanciers de la succession qui ont fait la formalité, Merl., Dur., Malp., Gren., Zach., Duf., Marc.; — ne peuvent exiger de l'héritier ni caution ni emploi, Paris, 31 juill. 52; — peuvent surenchérir, Orléans, 22 août 40 ; — viennent, en cas d'insuffisance de la succession, concurremment avec les créanciers de l'héritier, sur les biens de ce dernier, Chab., Merl., Bress., Dall., Genty, Dur., Delv., Gren., Malp., Vaz., Pouj., Roll.-Vill., Duf., Cabant., Frémin., Aub. et Rau, Toull., M. et V., Nic.-Gaill. ; *Contrà :* Malev., Marc., Mourl., Demante; — viennent : avant la régie pour droits de mutation, Doll.; concurremment avec contributions foncières, ord. C. Ét. 19 mars 20 ; et après contributions dir., mobilières, personnelles et patentes, Jaubert et Doll. — l'acquéreur ne prescrit pas contre eux par 10 ou 20 ans, Cass. 7 août 60.

2. *Créanciers et légataires entre eux.* — Il y a concurrence, même entre ceux qui ont fait et ceux qui n'ont pas fait la demande, Dall., Dur., Zach., Bel.-Jol., Duf., Marc., M. et V., Doll., Tropl., Dev., Aub. Rau., Demol.; Paris, 12 mars 6, 14 nov. 38; Grenoble, 24 juin 41; Bordeaux, 26 av. 61; J.-P.; *Contrà :* Lyon, 17 av. 22; Blond., Fouët de Confl.; sans égard aux dates des inscriptions; sauf les causes de préférence de leurs créances, Delv., Doll., Dur., Vaz., Blond., Bonn., Marc., M. et V., Dall., Pouj.

3. *Légataires.* — Viennent après le créancier de la succession qui a fait la demande, Vaz., Dall., Cass. 2 prair. an 12, 6 déc. 23 ; quand même le légataire aurait pris aussi inscription avant le créancier, Grenoble, 24 juin 41; — peuvent surenchérir, Orléans, 22 août 40.

4. *Héritier.* — Peut exercer ses droits comme en tout autre cas. Paris, 28 av. 65; — ... ér immeubles de la succession, Chab.; — disposer des effets mobi... s, Dall; — doit les dettes de la succession pour sa part virile seulement, et non eu égard aux biens de son lot, Tarr., Tropl., Cass. 9 juin 57, 3 fév. 57; Nancy, 13 av. 67; Rennes,

11 janv. 58; Doll., Limoges, 16 juin 60; Caen, 11 fév. 25; Vaz., Fouet de Confl., Bel.-Jol., Demol., Aub. Rau, Zach., Dev., Mourl., M. V., Dal., Blond.; *Contrà* : Dur., Duf., Bonn.; Bourges, 20 août 32; Bordeaux, 11 juill. 36; Caen, 17 janv. 55; Hur., Demante.

5, *Tiers acquéreur*, — La séparation ne peut lui nuire, si l'aliénation a été de bonne foi, Dall. — L'immeuble est soumis aux droits de suite quoique le prix soit payé à l'héritier, Nîmes, 19 fév. 29.

6. *Caution du débiteur*. — N'est pas dégagée, dans le sens de l'art. 2037, par la négligence du créancier d'user de son droit à la séparation de patrimoines, Nancy, 13 avr. 67; Cass. 10 déc. 66, 8 mai 61; Pont, Dall.

7° *Bénéfice d'inventaire*. — La séparation qui en résulte conserve ses effets entiers, malgré la renonciation au bénéfice d'inventaire par l'héritier, Doll., Cass. 18 juin 33, 10 fév. 39, 29 juin 53, 3 août 57, 8 juin 63; Colmar, 9 janv. 37; Nîmes, 21 juill. 52; Serr., *Contrà* : Rouen, 5 déc. 26; Bordeaux, 14 juill. 30; Duc.-Bonn. et Roust.

8° *Succession vacante*. — La séparation est de plein droit, Amiens, 11 juin 53.

Revendication par le locateur ou locataire principal, Pers., Gren., Poth.

Sur : Objets mobiliers — 1. Déplacés sans son consentement, C. N., 2102; appartenant ou non au locataire, Rennes, 19 août 17; Carré, Pig., Denis.; — 2. Déplacés par suite de la saisie d'un autre créancier qui, le locateur ne s'opposant pas à la saisie, reconnaîtrait son privilége, Poitiers, 17 fév. 34; Paris, 12 sept. 39; Pers., Tropl., Dur., Gren., Carou; — 3. Transportés frauduleusement, Dall.; *Contrà* : Pers., Dur., Zach., le dépositaire les eût-ils reçus de bonne foi, Dur., Gilb.; — 4. Déplacés, sans être vendus, Fav., Zach., J.-P., Toul., Val., Tropl., Dur., Delv., Pont; — 5. Ou vendus, et non encore enlevés, Bruxelles, 25 mars 14. — 6. Fruits, Tropl., Fav., Zach., Toull., Vall., Pont, J.-P.; *Contrà* : Tarr., Delv., pourvu qu'ils soient encore aux mains du fermier, ou que le propriétaire ait exercé le privilége avant la vente, Lyon, 24 fév. 36; Pers., Merl. — 7. Même les objets transportés dans la grange d'un autre propriétaire, Dall., Pers., Pont; *Contrà* : Poitiers, 30 déc. 23; Tropl., Gilb., alors même qu'il resterait des meubles suffisants pour la garantie, Paris, 2 oct. 6; Poitiers, 28 janv. 19; Mourl., Pont.; *Contrà* : Pers., Fav., Zach., Dur., Gilb., Tropl.; Bordeaux, 4 janv. 26; Démian, Taillef.; Cass. 8 déc. 6; Carré, Bioche, Carou, Coul., Dev., Dall.; Rouen, 30 juin 46; Poth., Duv., Agn., Gren., Chauv., Mart., J.-P., Cass. 8 déc. 6; Aub. et Rau.

M. et V. — Le juge apprécie si le déménagement partiel est dû à la fraude, Debell., Dall.

Mais non pas sur : — Objets ou fruits transportés chez un commissionnaire, et vendus, Lyon, 24 fév. 36; ou seulement vendus à un acquéreur de bonne foi, et payés, Dall.; Bruxelles, 10 juin 33; Fav., Tropl., Dur., Gilb. ; *Contrà :* Tarr., Delv., Pers.

La revendication s'exerce, savoir : — des objets de fermé, dans les 40 jours; — de maison, dans les 15 jours, C. N. 2102, du jour du déplacement, Pers., Dev., Dall., Toul., Tropl., Val., Pont, Cass. 6 mai 35; et même au plus tard le 40ᵉ ou le 15ᵉ jour, Dall., de celui seulement où le propriétaire a connaissance du déplacement, s'il y a eu concert frauduleux, Pers., Dur., Zach.

Elle se perd si le propriétaire a consenti expressément, ou tacitement, au transport ou déplacement, Delv., Pers., Pont, Zach., Dal., Tropl., Ferr.

Le propriétaire peut saisir-gager sans revendication, Rennes, 7 mars 44.

Revendication en matière civile. Elle s'exerce indépendamment du privilége, Delv., Pers., Pont, Dall.; Nancy, 28 déc. 29; Turin, 16 déc. 6; Cass. 18 sept. 44; Rouen, 13 janv. 24, par **suite de vente** sans terme, C. N. 2102; et non à terme : c'est alors un droit de résolution, si la chose existe encore dans sa nature, Cass. 9 déc. 35; Lyon, 21 mars 39; Paris, 18 août 29, 20 juill. 31, 10 juill. 33, 11 nov. 37; Rouen 29 nov. 37; dans la huitaine de la livraison, C. N. 2102. Plus tard, le droit est réduit à l'action en résolution à l'encontre du propriétaire, ou autre locateur des biens loués que garnit l'objet vendu, Paris, 24 juill. 47; Dur., Dall., Mourl.; Paris, 24 juill. 47; Poitiers, 30 juin 25; Tropl.

Sur les objets vendus : à la condition — que l'acheteur soit encore en possession, C. N. 2102, et ait en ses propres mains, Cass. 23 nov. et 12 déc. 42; — qu'ils soient dans le même état que lors de la livraison, C. N. 2102, ou à charge de prouver l'identité si la forme matérielle a quelque peu changé, Delv., Gren., Pers., Dall., Val., Pont., Mourl.; ex. : vin mis en bouteille, Tarr., Tropl.; ou s'il y a eu mélange fortuit avec semblables objets d'un autre propriétaire, Cass. 11 nov. 42.

Mais non pas sur : Objets revendus à un tiers qui, sans avoir pris livraison matériellement, aurait apposé sa marque, Rouen, 23 mars 44; Pardess., Tropl.; — objets incorporels, Paris, 11 déc. 22; — fonds de commerce que le véritable propriétaire a laissé exploiter par un tiers qui passait pour propriétaire, Cass. 4 mars 42; — arbres plantés depuis leur acquisition, Tropl., Paris, 9 avr. 21; — Objets incorporés par l'acquéreur à un immeuble en construction pour un tiers, Cass. 22 nov. 42.

La revendication n'a pas lieu en cas de faillite, art. 550 C. N., malgré toutes stipulations contraires dans l'acte, Amiens, 12 janv. 49; Dall., Paris, 20 déc. 49; à moins qu'elle n'ait pour objet des effets non destinés à la circulation commerciale, Tropl., Pont., Mourl.; Paris, 5 déc. 32, 25 juin 34; Gand, 24 mai 33; Caen, 1er août 37.

Revendication par suite de vente en matière commerciale, de même que par suite de **consignation**, ou **dépôt**, Cass. 4 juill. 26. Elle peut être exercée au cas de faillite; mais la demande ne serait suivie qu'après déclaration, Dall., même au cas de suspension de paiement notoire, clôture de magasin, Rouen, 15 juin 25; *Contrà* : Paris, 20 juil. 31. Des présomptions quoique graves de dérangement d'affaires ne suffiraient cependant pas, Douai, 5 août 18. A la charge de rembourser : 1° les à-compte reçus, et toutes avances pour fret, voiture, commission, assurance, et autres sommes et de payer ce qui serait dû pour ces causes, 576 C. co.;—2. Tous les frais faits pour la conservation de la chose, emmagasinage, réparation, assurance, etc., etc., Dall.;—3. Les frais judiciaires, Dall., excepté frais des revendications admises après contestation, Amiens, 29 nov. et 20 déc. 37; mais sans pouvoir réclamer aucuns dommages-intérêts. Trib. com. Bordeaux, 3 sept. 47.

Par le vendeur, ou tout autre ayant droit, même ses créanciers, Cass. 5 av. 31 ; le revendiquant fût-il, ou non, commerçant, Pard., Dall., ou même étranger, Dall.; Bruxelles, 7 juin 39.

Sur : 1. marchandises dont l'identité est constante, tous les aut. Bourges, 25 fév. 26; à moins qu'il n'y ait eu mélange avec d'autres objets, ce qui aurait nécessité un partage, et par suite une attribution d'objets qui peuvent n'être plus exactement les mêmes, Pard., Boul.-Paty., Ren.; Cass. 11 nov. 12; — 2. Partie de ces marchandises qui se retrouverait, Dall., Bordeaux, 4 mars 34; Bourges, 20 mars 55; Cass. 27 av. 53, 24 fév. 57; *Contrà* : Cass. 4 mai 32; — 3. Bois non livré par mesurage, en cas de vente à tant la mesure, Cass. 24 fév. 57; Paris, 12 janv. 52; Pard., Lainné, Esn., Béd., Dall., Boul.-Paty, Dev.; — 4. Marchandises dont partie est expédiée, et partie non encore délivrée, Besançon, 27 fév. 65; — 5. Marchandises achetées et payées par un commissionnaire, Cass. 14 nov. 10; Rouen, 4 janv. 25; Aix, 4 fév. 34; Amiens, 29 nov., 20 déc. 37; pareille subrogation n'existe pas quand le paiement est fait par un simple prêteur; — 6. Marchandises d'une société en participation, Rouen, 21 av. 10;—7. La

chose vendue, quoique le vendeur, en la vendant, n'ait pas fait acte
de commerce, Bordeaux, 22 fév. 50; — 8. La partie de bois non
abattue, Bourges, 26 mars 55; *Contrà* : Nancy, 24 août 44 ; — 9.
Moitié des marchandises d'un négociant failli auquel un autre
négociant qui a acheté et payé de ses fonds, a envoyé des marchandises pour être vendues de compte à demi, Bruxelles, 10 nov. 20;
Cass. 23 fév. 61; Aix, 16 janv. 63; — 10. Marchand demandées
dans les 10 jours avant la faillite, Caen, 7 août 20; — 11. Marchandises vendues avant la faillite, mais entrées dans les magasins après le
jugement de faillite, Rennes, 26 mars 58; Pard., Ren., Dev., Massé,
Al.

Mais non sur : 1. Marchandises transformées, altérées ou mélangées,
(liquides, grains, ou autres objets), Pard., Ren.; Bourg, 25 fév. 26;
Cass. 11 nov. 12; Boul.-Paty, Gouj. et Merg.; quand même les ven-
deurs des diverses choses mélangées formeraient une revendication
collective, Dall., Bed., Lainné; Amiens, 29 nov. et 20 déc. 37; — 2.
Bois débités, façonnés après avoir été vendus sur pied, Cass. 10 janv.
21; quand même ils seraient encore sur le parterre de la vente, Paris,
8 août 45; à moins que l'identité soit bien certaine et positive, Rouen,
18 mars 39; Aix, 4 fév. 34; — 3. Bois convertis en charbons, Cass.
9 juin 45; Nancy, 28 nov. 29; *Contrà :* Limoges, 6 mars 43; — 4.
Bois destinés à être convertis en charbons, confectionnés en corde,
et non encore vérifiés ni reçus, Paris, 28 janv. 52; — 5. Objet que
le propriétaire revendiquant a laissé vendre, Cass. 17 oct. 44; — 6.
Navire vendu par le constructeur, Douai, 10 juil. 39; — 7. Indemnité
d'assurance, Douai, 8 juin 29.

Contre le syndic, qui peut y adhérer, avec l'approbation du juge-
commissaire, C. co. 579; mais les créanciers peuvent contester la revendication, Aix, 11 janv. 34; Béd.

CAS DE FAILLITE. — Si, lors de la vente, il y avait déjà faillite, ou
déconfiture inconnue du vendeur, la revendication aurait lieu, d'au-
tant mieux que le failli se serait trouvé dans l'impuissance de
prendre possession, Dall., *pourvu* qu'il y ait eu dépossession du
vendeur, et qu'il n'y ait pas eu, lors de la faillite : 1° *Livraison*,
c'est-à-dire, soit entrée de la marchandise dans les magasins du
failli, ou de son commissionnaire, C. co. 576, chargé de la vendre,
Bordeaux, 4 mars 34; Toulouse, 19 déc. 26; que ses magasins
soient à lui, ou loués, ou empruntés, Rennes, 26 mai 15; soit, tout
au moins, mise en possession, ce qui consiste, lorsque la faillite
ne la rend pas impossible, en : 1. Mesurage des marchandises, acceptation par l'acquéreur de la traite du vendeur, Cass. 1er mai 32,
21 fév. 57; — 2. Dépôt chez l'acquéreur, ou dans tout autre lieu,

port ou terrain vague, bureau de roulage, Al., Béd.; Rennes, 26 mai 15; Paris, 16 juill. 42; Al.; Bourges, 23 fév. 36; Cass. 31 janv. 26, 27 av. 53; où elles seraient à sa disposition, Cass. 20 juin 59; Nancy, 15 av. 36; et à ses risques, Bruxelles, le 7 fév. 44; . . . . . . 8 sept. 12; même passagèrement, Poitiers, 23 fév. 31; Bruxelles, 13 av. 22; — 3. Dépôt à l'entrepôt réel de la douane, pour y attendre la vente, Rennes, 20 fév. 62; surtout au nom de l'acheteur, Bruxelles, 7 fév. 44; Poitiers, 25 fév. 31; — 4. Dépôt sur emplacement, chantier, lieu de façonnement, parterre de coupe, appartenant même au vendeur des bois, objet ou non des façonnements, débit, ou mise en vente, Esn., Delam. et Lep.; Cass. 8 déc. 12, 10 janv. 24, 9 juin 45, 20 juin 59, 16 janv. 50, 4 août 52; Rouen, 30 mai 40; Nancy, 24 août 44; Bourges, 25 fév. 26, 26 mars 55; Pard., Boul.-Pat., Ren., Bed., Lar.; Amiens, 12 janv. 40; Paris, 20 déc. 49, 8 août 45; Bruxelles, 7 fév. 44; Bordeaux, 22 fév. 50; Seine, 23 fév. 56; — 5. Entrée dans les magasins d'un créancier à qui l'acheteur a gagé, Cass. 27 av. 53; Paris, 27 fév. 57; le contrat de nantissement fût-il d'une validité contestable, même arrêt; — 6. Remise par le vendeur à l'acquéreur des clefs du magasin, Bourges, 25 fév. 26; à moins que le vendeur n'ait retenu les marchandises que pour garantir son paiement, Rouen, 4 mai 47; — 7. Enfin remise de fait, ou tradition virtuelle, et non une tradition légale, Cass. 24 fév. 57, 24 janv. et 20 juin 59; Dall., Boil., Pard., Béd.; Besançon, 16 mars 60; — 8. Enlèvement, même partiel, avec ou sans apposition de marteau, au vu et au su du vendeur, Besançon, 4 déc. 64, 16 et 17 janv. 65; — 9. Entrée en magasin avant le jugement déclaratif de faillite, quoique la réception ait eu lieu après cessation de paiement, Ren., Bédar., Dall., Bruxelles, 4 janv. 47; — 10. Arrivée à destination, et réexpédition par le failli, Besançon, 16 mars 60; — 11. Pesage de betteraves, remise des bons de pesée, et mise en silos à la disposition de l'acheteur dans un champ à lui, Douai, 10 mars 61; — 12. Expédition par le vendeur à un sous-acquéreur sur l'ordre du premier acquéreur, Pard., Boul.-Pat., Dall.; — 13. Dépôt dans un bateau de l'acheteur pour transporter à destination, Cass. 20 juin 59. — *On ne considère pas comme mise en possession :* 1° Arrivée en gare, Orléans, 24 mai 59; quand même, si ce sont des bois, ils seraient numérotés, et frappés du marteau des deux parties, Besançon, 27 fév. 65; surtout si cette marque n'avait pour but que de fixer le choix de l'acquéreur, même arrêt; ou quand même la destination serait en gare, Orléans, 24 mai 59; — 2. Engagement par le vendeur de transporter lui-même la marchandise chez l'acquéreur, Béd., Pard., Gouj. et Merg., Dall.; Amiens, 20 nov. 47; Al.; — 3. Magasin du volturier, ce lieu fût-il choisi par le failli, Paris, 16 juil. 42 ;—4. Entrée chez un commissionnaire, Cass. 7 mars 48; Metz, 23 août 60 ; surtout quand il déclare laisser pour compte, Béd., Dall. ; — 5. Séjour de bois sur le parterre d'une coupe lorsque, d'après le cahier de charges, cet emplacement ne doit pas être considéré comme magasin, d'après cahier de charges, Amiens, 20 nov. 47 ; ou d'après convention, Paris, 26 avr. 67 ; Caen, 3 janv. 49 ; ou lorsque, d'après la convention, les bois exploités dans la coupe devraient être transportés dans les chantiers de l'acheteur, pour y être vendus, Caen, 3 janv. 49 ; — 6. Abattage d'arbres, par le vendeur lui-même, non suivi de livraison, Bordeaux, 22 fév. 50 ;— 7. Dépôt momentané, l'intention de l'acquéreur étant de diriger ailleurs ses marchandises ; — 8. Fait par l'acheteur de s'introduire dans la coupe, sans travail d'exploitation, Bourges, 26 mars 55; ou de charger, après vérification avec le vendeur, Amiens, 20 nov. 27 ;— 9. Livraison de pièces isolées d'un mécanisme, des à-compte eussent-ils été donnés sur le prix, Rouen, 14 juin 44; quand même, les pièces remises seraient déjà incorporées à l'usine, Metz, 3 juin 56; — 10. Livraison au commissionnaire de roulage, Rouen, 15 mars 22; — 11. Livraison à un commissionnaire qui ne reçoit que pour réexpédier à l'acquéreur, Cass. 7 mars 48; Caen, 7 août 20; Fav., Pard., Ren., Boul.-Paty, Lain., Esn., Béd., Geoff., Gouj. et Merg., Bioche, Dev., ou livraison à un acquéreur qui, sans retirer la marchandise de gare, la réexpédie à un nouveau destinataire non sérieux, Orléans, 24 mai 59 ; — 12. Placement dans un entrepôt réel jusqu'à acquit des droits de douane, Bruxelles, 25 av. 40 ; — 13° Simple tradition civile, Cass. 24 janv. 59; Bourges, 26 mars 55; Orléans, 8 déc. 50 ; —14. Magasin du vendeur où les marchandises sont à la disposition de l'acheteur qui paie un doit de magasinage, Cass. 24 janv. 59; Pard., Lain., Ren., Massé, Dev. ;—15. Envoi à l'acquéreur et rappel des marchandises par suite de désaccord, Paris, 24 mai 55; — 16. Arrivée et séjour en gare, puis transport chez le commissionnaire par suite d'une saisie-arrêt par un créancier du failli, Metz, 23 août 60.

2° *Échange* ou toute autre aliénation irrégulière et frauduleuse, Dall.

3° *Paiement*, C. co. 576, ou, comme équivalent, effet, sur des tiers, même non payé à échéance. Douai, 5 août 48; *Contrà* : Rouen, 4 janv. 23. *Mais non pas* : 1. Mandat ni échu, ni accepté, lors de la faillite, Cass. 6 nov. 43; — 2. Acceptation de traites en paiement, suivie de chargement par l'acquéreur sur son navire, Aix, 26 av. 27; Cass. 23 janv. 46 ; Paris, 13 nov. 46 ; Caen, 3 janv. 49 ; *Contrà* : Douai, 5 août 48 ; — 3. Versements d'à-compte considérés comme non-paiement, le revendiquant étant tenu de restituer cet à-compte ainsi que toutes avances, C. co. 576 ; — 4. Billets ou autres effets non payés par l'effet de la faillite, pourvu qu'il n'y ait pas eu novation, Pard., Devill. ; Aix, 21 av. 27 ; — 5. Remise d'un bon à toucher chez un banquier, ce qui n'est qu'un mandat, Cass. 27 juil. 58.

4° *Revente* sur facture et connaissement ou lettre de voiture signée par l'expéditeur, C. co. 576 ; la réunion de ces deux titres étant exigée : la facture, pour le droit à la propriété ; le connaissement, ou la lettre de voiture, pour le droit à la prise de possession ; tous les aut. ; Liége, 26 juil. 10 ; Rouen, 29 juill. 19 ; *Contrà :* Paris, 1er déc. 60. Une subrogation dans l'utilité de ces pièces ne suffirait pas, Toulouse, 19 déc. 26 ; Cass. 11 févr. 40 ; Rouen, 15 juin 25. Peu importe que la remise ait lieu séparément, Rouen, 2 déc. 28.—A moins que cette revente ne soit le résultat d'un concert frauduleux, ce qui est à l'appréciation des juges, Pard., Boul.-Paty, Laisné, Bedar. ; Dijon 11 août 9 ; Aix, 26 av. 47 ; Cass. 27 janv. 24 ; ou n'ait été déclarée non sérieuse, Cass. 5 nov. 45 ; ou n'ait été faite au commerçant à une époque où la faillite n'était plus douteuse pour personne, Dijon, 11 août 9. Dans ce cas, si l'acheteur ne pouvait plus représenter la marchandise, le vendeur pourrait s'en procurer de semblable aux frais de l'acquéreur de mauvaise foi, même arr., Dall. ; — à moins encore que, même en cas de revente, l'expéditeur n'ait pas signé le connaissement ou la lettre de voiture, Lainné, St-Nex., Ren., Dall. ; Amiens, 14 juil. 48 ; mais on considère comme signature du connaissement, la signature de la lettre d'envoi de cette pièce, Rouen, 14 janv. 48 ; Al., Lar.-Says. *Contrà :* Caen, 14 août 60 ; Ren.

Revendication de marchandises consignées au failli, ou déposées pour être vendues. Elle s'exerce tant que dure la faillite, Ren., Boil., Béd., Dall. ; et même avant faillite, mais la demande n'est suivie qu'après la déclaration, Dall.

Par : Dépositaire, consignataire, ou même ses créanciers, Cass. 5 av. 31 ; — un tiers subrogé, ou un cessionnaire ; — *à charge* par le revendiquant *de prouver :* le fait d'être toujours resté propriétaire, et l'identité de la marchandise, sans s'arrêter au changement d'enveloppe, de marque, de forme, quand même elle serait confondue avec d'autres, si la séparation est possible, et que les cordes des balles auraient été coupées abusivement par le commissionnaire, Cass. 7 août 20.

Sur : 1. Marchandises consignées au failli, en dépôt, ou pour être vendues au compte du propriétaire, tant qu'elles existent en nature, en tout ou en partie, C. co. 575 ; et qu'elles ne sont pas délivrées lors de la faillite, Dall. Boul.-Paty ; qu'elles se retrouvent dans les magasins du failli, ou dans d'autres lieux ; ou consignées à un autre commissionnaire, Pard., Bed., Dall. ; — 2. Marchandises en trajet de réexpédition par le commissionnaire, tant qu'elles ne sont pas arrivées, Rouen, 15 mars 22 ; Cass. 6 nov. 23 ; — 3. Le prix ou partie du prix de ces marchandises, non compensé en compte-courant entre le failli et l'acheteur, C. co. 575 ; ni payé ou réglé en valeurs au porteur, ou transmissibles par endossement, ou par transport ordinaire, Cass. 27 juil. 58 ; Nîmes, 6 août 57 ; — 4. Ceux des billets souscrits ou passés par l'acquéreur au commettant, qui sont encore aux mains du failli lors de la faillite, Laisné, Bed., Dall., Pard. ; — 5. Ceux donnés en paiement, quoique non souscrits directement au commerçant, ni passés à son ordre, Pard. ; *Contrà* : Dall., — 6. Prix versé aux syndics depuis faillite, Pard., Boul.-Paty, Dall. ; — 7. Prix compensé avec une dette du commissionnaire envers l'acquéreur, Bruxelles, 27 mars 16 ; — 8. Sacs de numéraire cachetés et revêtus d'une suscription au nom du propriétaire de la marchandise vendue, Boul.-Paty, Pard., Dev.

Mais non sur : — 1. Espèces trouvées dans la caisse du failli, quoique étiquetées au nom du commettant, Bed., Delam. et Lep., Esn., Boul.-Paty, Lar.-Sayss. ; Paris, 11 juin 25 ; Pard., Dall. ; *Contrà* : Laisné ; — 2. .... ou adressées au failli pour payer des effets des expéditeurs, Lyon, 11 nov. 63 ; — 3. .... Ou versées entre les mains d'un tiers indiqué par le vendeur, Pard., Boul.-Paty., Dall. ; — 4. Le prix cédé à un commissionnaire de bonne foi, Pard. ; — 5. Marchandises achetées du commettant par le commissionnaire lui-même, si le commettant en a eu connaissance, Dall., — 6. Marchandises achetées par le commissionnaire avec l'argent des premières par lui vendues, Pard. Dall.

Contre : — 1. Celui qui détient de bonne foi, Cass. 20 mai 35, comme acquéreur, dépositaire ou gagiste, Dall., Dev. ; — 2. Un tiers qui a acheté d'un commissionnaire tombé en faillite, et porteur, en paiement, d'effets transmissibles, et non au porteur, Cass. 27 juil. 58 ; Nîmes, 6 août 57.

Quand même la convention dite du croire existerait, Toulouse 7 fév. 25 ; ou que le commettant serait nanti d'effets émanés du commissionnaire ou sortis de son portefeuille, non échus lors de la faillite, effets qu'il pourrait rendre, Pard., Boul.-Paty., Dall. ; à moins qu'il ne les ait formellement acceptés.

Classification sur les meubles.

Priviléges généraux de l'art. 2101 : 1° Frais de justice ; — 2° Frais funéraires ; — 3° Dernière maladie ; — 4° Gens de service ; —

5° Subsistances ; — *autres* ; 6° Contributions directes ; — 7° Droits et amendes de timbre ; — 8° Contributions indirectes, après 6 mois de loyer ; — 9° Douane ; — 10° Frais de justice en matière criminelle ; — 11° Frais de défense personnelle de l'accusé.

Priviléges spéciaux de l'art. 2102 : 1° Semences ; — 2° Frais de récoltes ; — 3° Vendeur ou réparateur d'ustensiles agricoles ; — 4° Locateur ; — 5° Gagistes divers ; — 6° Conservation de la chose ; — 7° Vendeur d'effets mobiliers ; — 8° Aubergiste ; — 9° Voiturier, ces deux derniers avant le vendeur s'ils ont ignoré sa créance ; — 10° Bailleur des fonds d'un cautionnement, et créances pour abus et prévarication des fonctionnaires publics ; — *autres* : 11° Droits et amendes contre officiers ministériels ; — 12° Ouvriers et fournisseurs ; — 13° Droits de mutation par décès ; — 14° Sous-traitant ; — 15° Commissionnaire ; — 16° Facteur de la halle (Boulangerie) ; — 17° Trésor sur comptables ; — 18° Etablissement d'aliénés, contre comptables ; — 19° Crédit foncier pour annuités de prêts hypothécaires ; — 20° Porteur d'obligations du crédit foncier ; — 21° Crédit foncier pour drainage.

Les priviléges généraux de l'art. 2101 priment-ils ceux spéciaux de l'art. 2102 ?

1er *Syst.* — *Oui :* Avis des Cours d'Aix, Angers, Bastia, Bordeaux, Colmar, Metz, Montpellier, et Rouen ; faculté de Rennes ; Cass. 14 déc. 21, 23 av. 54 ; Mallev., Gren., Tarr., Fav., Pont, Sév., Tropl., Le Men., Berriat St-Prix ; Bordeaux, 12 juin et 12 av. 53 ; Delv., M. et V. ; Carré, Zach., Durieu, Chauv., Zach., Jay ; Poitiers, 30 juill. 30 ; Rouen, 30 janv. 51 ; Lyon, 16 janv. 52.

Ainsi : I. Les frais de justice dans l'intérêt commun priment les priviléges généraux et spéciaux, notamment : Frais de récoltes, de conservation de la chose, Bordeaux, 12 av. 53 ; Cass. 26 av. 54 ; Pont ; Bailleur, quand ces frais sont faits pour la conservation et la vente des meubles, Lyon, 16 janv. 52 ; Dur. ; Toutefois si un privilége peut s'exercer sans opération de justice faite dans l'intérêt des autres créanciers, les frais de cette opération ne doivent pas primer le privilége, Pard., Zach., Val.

II. Le locateur est primé par : 1° Poursuite de contribution, tarif, 95, et suiv. ; — 2° Actes conservatoires en cas de faillite, Lyon, 1er av. 41 ; — 3° Frais pour parvenir à la vente des meubles, Bruxelles, 2 nov. 42 ; frais de la vente qui sont à retenir avant la consignation, Carr., Pig. ; — 4° Frais extraordinaires d'incident, si le jugement l'a ordonné, C. pr. 716 ; Pig., Bioche ; — 5° Procès né à l'occasion de la somme distribuée, Bordeaux, 7 juin 39 ; — 6° Curatelle à succession vacante, Lyon, 16 janv. 51 ; — 7° Les priviléges de l'art. 2101, sur les objets garnissant maison ou ferme, Limoges, 15 juil. 43.

III. Fournisseur de subsistances prime vendeur non payé, Rouen, 12 mai 28.

IV. Frais funéraires priment aubergiste, Dur., Tropl.

V. Douane prime commissionnaire, Cass. 19 mars 50 ; et prêteur à la grosse, Cass. 14 déc. 24 ; sans préjudice à l'acquéreur de meubles après la contrainte, mais avant la saisie-exécution, Cass. 18 mai 19.

2° *Syst.* — *Non* : Avis des Cours de Paris, Pau et Poitiers ; Dur., Taul., Mourl., Pig., Pers., Val., Dall., Demante, D.-N., Poth., Delap., Roll.-Vill., Boil., Taill.

Ainsi : I. Les priviléges généraux sont primés par celui parti- culier sur le cautionnement des fonctionnaires, Gren., Aud.

II. La douane est primée par : loyer de 6 mois, — vendeur reven- diquant, L. 1791, Tropl., Pont ; — capitaine de vaisseau, et équipage, Pard., — sans les formalités de faillite, Douai, 12 août 29.

III. Le locateur, pour ses loyers, et non pas pour les frais de pour- suite applicables à sa créance, Nancy, 13 juil. 53 ; prime : 1° Four- nisseur d'aliments, Cass. 20 mars 49 ; Caen, 8 mai 38 ; trib. Châ- tillon-sur-Seine, 20 mai 63 ; Trib. Coutances, 7 déc. 47 ; Demante, Dur., Zach., Taul.; Douai, 21 janv. 65 ; *Contrà* : Rouen, 30 janv. 51 ; — 2° Tous autres, même les gens du service, Paris, 25 fév. 32 ; trib. Senlis, 27 avr. 37 ; Amiens, 20 nov. 47 ; trib. Montreuil-sur-Seine, 13 oct. 60 ; Rouen, 17 fév. 26 ; Cass. 19 janv. 64 ; Douai, 21 janv. 65 ; *Contrà* : Tropl. ; Rouen, 30 janv. 51 ; Lahaye, 3 nov. 26 ; — 3° Frais funéraires, Paris, 25 nov. 14 ; — 4° Frais de distribution. C. pr. 662, Bioche, Fav., Chauv., Pig. ; — 5° Agence et syndicat de faillite, Rouen, 31 déc. 18 , 2 déc. 41 ; Paris, 21 nov. 18 ; Limoges, 9 janv. 44 ; Lyon, 27 mars 21 ; Cass. 20 août 21 ; — 6° Inventaire et frais de faillite, Lyon, 4 déc. 28, 1" av. 44, 17 mars 46 ; Pig., Pers., Delv., Tropl. ; — 7° Scellé et inventaire, Pig., Poth., Pers., Delv., Fav., Denis., Dur., Pers., Zach., Tropl., Val. ; Paris, 28 nov. 14 ; Lyon, 1" av. 44, 27 mars 21 ; 11 déc. 25 ; *Contrà* : Malev., Tarr., Gren., Dall.; — acceptation bénéficiaire, Lyon, 14 déc. 25 ; à moins que le scellé et l'inventaire n'aient profité au propriétaire absent, et ne pouvant opérer la rétention, Tropl. ; Lyon, 17 mars 46, 16 janv. 51 ; Paris, 27 nov. 14, 27 mars 24 ; Rouen, 30 janv. 51 ; 31 janv. 52 ; Limoges, 15 juill. 43 ; — 8° Vendeur d'effets mobi- liers, mais seulement s'il ne connaissait pas la dette, C. N. 2102 ; Rouen, 17 juin 26 ; Lyon, 13 mars 49 ; ou, s'il la connaissait, en cas de non-déplacement des objets, Bordeaux, 16 mars 49 ; — 9° Frais pour arriver à la vente du fonds de commerce du failli, si le bailleur n'en a pas profité, Paris, 44 juill. 61 ; Pont, Aub. et Rau.

3° *Syst.* — Le classement se détermine par le degré de faveur de chaque créance sans acception de classe, Caen, 8 mars 38 ; trib. Senlis, 27 avr. 37 ; Cass. 19 janv. 61 ; trib. Montreuil-sur-Mer, 13 oct. 60 ; Pers., Malev., Aub. et Rau, D.-N., Demante, Dur., Taul., Mourl.; Rouen, 12 mai 28 ; *Contrd :* Dall.

La question de préférence entre les priviléges est du ressort du trib. civ., et non du trib. de com., Angers, 23 janv. 50 ; Cass. 21 juil. 51.

Il y a concurrence entre : 1° Les contributions directes et les droits et amendes de timbre, L. 28 av. 16 ; — 2° Les différentes cotes de contributions directes, Durieu ; — 3° Les cessionnaires partiels, étant aux droits du cédant, C. N. 2112, d'une même créance, Cass. 20 mai 66 ; Nancy, 9 mars 58 ; Pont, M. et V., Aub. et Rau, Gauth., Mourl.; à moins de stipulation de préférence ; — 4° Les frais de justice de différente nature (scellés, garde, inventaire, etc., etc.) 2101, Tropl., Dall., Mourl., Pont ; Cass. 8 déc. 25 ; *Contrd :* Paris, 27 mars 21, qui classe dans cet ordre : scellés, garde, inventaire ; en ce sens que les déboursés sont prélevés par chaque officier ministériel, et les honoraires répartis, trib. Issoudun, 25 mai 21 ; Cass. 8 déc. 25.

Il y a préférence en faveur de :

1° Commissionnaire, — sur : locateur, Tropl.; vendeur du commettant, même quant à la revendication, Gênes, 12 juil. 13 ; Bruxelles, 13 nov. 18 ; Rouen, 13 juil. 18, 18 juil. 27 ; Cass. 8 juin 29 ; 30 janv. 30 ; Paris, 31 juil. 35 ; Pard., Merl., Dall.; *Contrd :* Esn.; — 2. Semence, récolte, prix d'ustensiles, — sur locateur, C. N. 2102 ; Paris, 25 juin 12 ; — 3. Semence même abandonnée au propriétaire par suite de résiliation judiciaire, — sur locateur, trib. Soissons... 62 ; Cass. 13 juill. 14, 11 juill. 61 ; — 4. Créancier demandeur en séparation de patrimoine dans les trois ans du décès, — sur créancier chirographaire, s'il n'y a ni novation, ni acceptation de l'héritier pour débiteur, Pig., Dioche ; — 5. Contribution directe, droits et amendes en matière de timbre, — sur : frais de distribution, Durieu, Pig., attendu que le Trésor n'est pas obligé à production ; *Contrd :* Gren., Pers., Dev., Dur., Fav., Tropl., Pont ; tous autres, L. 1808, priviléges généraux ou spéciaux, même les plus favorables, Tropl., Durieu ; contribution indirecte, L. 1808 ; av. C. Et. 28 juill. 30 ; douane, Douai, 12 août 29 ; Tropl., Pont ; — 6. Frais de justice, commandement, saisie, garde et vente de meubles, — sur contribution directe, droits et amendes en matière de timbre, Dur., Tropl., Gren., Pers., Pont., Dall.; Cass. 27 févr. 33 ; Durieu ; Cons. de préf. Aisne, 19 juill. 32 ; douane, loi 1791, Tropl., Pont ; — 7. Voiturier, aubergiste, gagiste, — sur locateur,

D.-N., et vendeur revendiquant, Tropl., Val., Gilb., Pard., Boil., Boul.-Paty, Zach. ; surtout s'ils ont ignoré la créance de ce dernier, Pers., Dur., D.-N. ; — 8. Tous les priviléges des art. 2101, 2102, 2103, 2105, — sur Trésor public contre les comptables, loi 5 sept. 7. ; — 9. Priviléges des art. 2101, 2102, 2103, — sur : frais de justice en matière criminelle, correctionnelle, ou de police, L. 5 sept. 7 ; Alby, 8 déc. 53 ; Val., Mourl ; — 10. conservation de la chose retenue par l'ouvrier, — sur locateur, gagiste, aubergiste, voiturier, Pers., Dur., Gilb., Delv. ; *Contrà :* Merl., Gren., Fav., Tarr., Tropl. ; vendeur, même sans exercer la rétention, Delv., Pers., Dur. ; commissionnaire qui a profité des frais de conservation, Domenget ; — 11. Frais de défense personnelle de l'accusé, — sur frais de justice criminelle, correctionnelle ou de police, L. 1807 ; tous autres créanciers, Alby, 8 déc. 53 ; Val., Mourl., Dur., Pont. ; *Contrà :* Alby, 8 juin 54 ; Dall ; — 12. Propriétaire d'objets volés dont la vente a été ordonnée, — sur frais de justice criminelle, correctionnelle, ou de police, déc. min. fin. 13 et 20 av. 13 ; — 13. Frais de justice criminelle, correctionnelle ou de police, — sur indemnité due à la partie civile, lettre Gr. J. 19 mars 8 ; Pont., Pers., Dur., Tropl., Gilb. ; créanciers qui, avant la condamnation, n'ont pas, par des exécutions, acquis des droits sur ces objets, Cass. 6 juin 9 ; créanciers de la faillite postérieure, Paris, 4 mars 39 ; Dev. ; — 14. Créances ayant date certaine avant mandat d'arrêt ou jugement de condamnation, — sur frais de justice criminelle, Cass. 12 juill. 52 ; Pont, Aub. et Rau, Fl. ; — 14. Bailleur des fonds d'un cautionnement, et créance pour abus et prévarications, — sur Trésor pour droits et amendes contre officiers ministériels, Cass. 7 mai 16 ; Paris, 21 janv. 37 ; Loys., Dur., Basn., Aub. et Rau, Pont. ; Cass. 26 mars 21 ; Toulouse, 8 mai 52 ; trib. Lisieux, 13 août 25 ; Délib. Rég. 18 janv. 26 ; — 15. Trésor public, — sur créancier hypothécaire à qui le débiteur a caché sa qualité de comptable, Chard., Dev. ; — 16. Contribution indirecte, — sur droit de rétention de l'antichrésiste, Dev., Gilb., Dur. ; — 17. Sous-traitant, — sur bailleur des fonds du cautionnement d'un entrepreneur principal, Angers, 23 janv. 50 ; — 19. Conservation de la chose, labours, semences, impôts, — sur crédit foncier pour annuités de prêt hypothécaire, et frais, L. 1852, art. 30 ; — 20. Semences, frais de récolte de l'année, impôts, — sur annuités dues au crédit foncier pour drainage, L. 17-23 juill. 56 ; — 21. Crédit foncier, pour prêt de drainage, — sur tout autre, L. 17-23 juill. 56 ; — 22. Vendeur revendiquant, — sur douane, Cass. 12 fév. 45 ; — 23. Faits de charge contre cautionnement d'un agent de change, — sur Trésor, Cass. 7 mai 16. ; Dard.

Les droits de mutation par décès viennent après : frais de justice, impôts de l'année échue et de celle courante, droits et amendes de timbre, Garn.

Les contributions indirectes viennent après : 1º Frais de justice, Décr. an 13, dans l'intérêt commun, Paris, 12 déc. 50; autres priviléges de l'art. 2101; — 2º Six mois de loyers, Décr. an 13, échus ou à échoir, Cass. 18 fév. 40; outre le loyer d'avance payé, Cass. 26 janv. 52; mais non frais par le propriétaire pour assurer le paiement de ses loyers, à moins qu'ils n'eussent dû être colloqués au premier rang, Nancy, 13 juil. 53; Paris, 12 déc. 56; — 3º Réparations locatives quand, jointes au loyer dû, la somme ne dépasse pas six mois de loyer, Cass. 13 ou 15 juil. 35. — 4. Contributions directes, Déc. an 13; Av. C. Et. 28 juil. 30.

En cas de faillite, la distribution se fait d'après le C. co., et non d'après règles de procédure, Paris, 20 mars 37.

Celui qui a remboursé des créanciers privilégiés afin d'éviter des frais de poursuite est subrogé, Rouen, 2 fév. 37.

Le créancier privilégié doit produire, Rennes, 19 juil. 20; Bordeaux, 19 mars 60; Ren., Lainné, Béd., Esn., Geoffr., Lar.-Sayss., Al.; et faire en même temps la demande à fin de privilége, C. pr. 661; séparée, elle est à ses frais, Merl., Pig., Delap. Elle peut même n'être présentée que plus tard, Douai, 30 juin 55; Caen, 20 juin 59; Legentil; Rouen, 2 janv. 51; ou par des conclusions devant le tribunal, Bordeaux, 7 juin 39.

Le locateur, l'usufruitier peuvent être payés avant la distribution, C. pr. 662; Tar. 29, § 42, 98; Carré, Pig., Bioche; malgré les oppositions, et sans attendre le mois de l'art. 661, Paris, 12 sept. 39.

Le juge-commissaire prononce sur le privilége définitivement, en en précisant les causes, Cass. 4 mai 24; sauf opposition ou appel, Amiens, 10 juin 37. La signification de son ordonnance fait courir le délai d'appel, Cass. 21 fév. 51.

Le juge des référés est incompétent pour reconnaître l'existence d'un privilége, Cass. 3 août 47; de Belleyme; *Contrà:* Paris, 12 sept. 39.

Priviléges sur immeubles, et classification.

1. Les priviléges de l'art. 2101, C. N., —2. celui du Trésor public et de la Couronne contre les comptables. —3. celui de la défense personnelle de l'accusé, —4. celui des frais de justice en matière criminelle, correctionnelle ou de police, s'étendent aux immeubles, à défaut de mobilier, C. N. 2103; ou après épuisement ou en cas d'insaisissabilité du mobilier, Bruxelles, 21 août 10; Amiens, 21 av. 22; ou avant dis-

cussion, mais en n'obtenant sur immeubles qu'une collocation éventuelle, Amiens, 24 av. 22 ; surtout si le mobilier paraît insuffisant ; Agen, 28 août 34 ; Bruxelles, 24 août 40 ; Tropl. ; Dev.

Il y a déchéance sur immeubles si, à la distribution du mobilier, le créancier a négligé d'intervenir, Dall., Delv., Gren., Pers., Zach., Toull., Mourl., Dur., Tropl., Pont, Malev. ; Cass. 22 août 36 ; Nancy, 12 juil. 34 ; Paris, 9 fév. 9 ; *Contrd :* Lyon, 44 déc. 32 ; Limoges, 9 juin 42 ; à moins que cette négligence ne soit pas imputable au créancier, Limoges, 9 juin 42 ; Pont.

Le privilége des frais de dernière maladie s'exerce même sur les biens dotaux, Bordeaux, 16 déc. 51.

Ordre : 1° Priviléges généraux de l'art. 2101, sans inscription, C. N. 2107. — 2. Ceux spéciaux de l'art. 2103 (vendeur et prêteur de fonds subrogés, cohéritiers, copartageant, architecte, entrepreneur, etc., et prêteur de fonds pour les payer). — 3. Trésor, sur biens des comptables. — 4. Défense personnelle, sans inscription. — 5. Frais de justice, sur biens du condamné.

Les prêteurs de fonds viennent par concurrence quoique les derniers subrogés puissent arguer d'une préférence que le vendeur leur a transmise, Paris, 13 mai 15 ; Pers., Pont, Dall. ; *Contrà :* Tropl.

L'architecte et l'ouvrier priment le vendeur sur la plus-value, L. 11 brum. an 7 ; la valeur réelle ne suffirait-elle plus pour celui-ci, Paris, 13 mai 15 ; Pont, Tropl. ; Cass. 22 juin 37 ; Dur., Tatr., Pers., Fav., *Contrd :* Malev., Pig., Gren. ; Rouen, 19 av. 36. La perte serait supportée proportionnellement d'après Cass. 22 juin 37 ; Rouen, 19 avr. 36 ; Malev., Pig., Gren.

TABLE DES MATIÈRES.

Contraste insuffisant

NF Z 43-120-14

www.ingramcontent.com/pod-product-compliance
Lightning Source LLC
Chambersburg PA
CBHW061410060726
47597CB00003B/1017